서울 한 바퀴,
둘레길 여행

서울 한 바퀴, 둘레길 여행

1판 1쇄 발행 2025년 9월 5일
1판 2쇄 발행 2025년 10월 31일

지은이 이준휘

펴낸곳 링크북스
펴낸이 김시종
디자인 스튜디오 수박
출판등록 제2023-000087호
전자우편 linkbooks23@gmail.com
홈페이지 www.linkbooks23.com
전화 070-8064-0392
팩스 02-2179-9721

ⓒ이준휘, 2025

ISBN 979-11-990952-2-9 13980

이 책에 사용된 일부 사진은 공공저작물을 이용하여 다음과 같이 출처를 밝힙니다.
ⓒ한국관광공사 18p, 74p ⓒ강서구 132p ⓒ국가유산청 146p

- 이 책은 저작권법에 따라 보호받는 저작물이므로 무단 전재와 무단 복제를 금합니다.
- 이 책의 일부 또는 전부를 이용하려면 반드시 저작권자와 링크북스의 서면 동의를 얻어야 합니다.
- 잘못된 책은 구입하신 서점에서 바꿔드립니다.

도심 속 자연과 로컬을 즐기는 최고의 걷기 코스 60

서울 한 바퀴, 둘레길 여행

이준휘 지음

[프롤로그]

서울에서 한나절 걷기 좋은 길들을 소개하기 위해서 시작된 여정이었다. 이미 서울 시내에는 둘레길에서부터 숲길은 물론이고 동행길에서 자락길까지 온갖 종류의 길들이 차고 넘치도록 만들어져 있었기에 이를 어떻게 직관적이고 체계적으로 분류할 것인가가 제일 먼저 숙제처럼 다가왔다. 우선 서울이라는 공간을 길을 중심으로 나눠볼 필요가 있었다. 수많은 길 중에서도 사대문을 연결해서 만든 한양도성 순성길과 서울 외곽을 따라 걷게 되는 서울둘레길은 경계를 나누는 확고한 기준이 되었다.

과거의 원도심과 현재의 행정구역 끝자락을 이어 걷는 두 개의 트레일은 각기 동심원을 그리며 서울을 거대한 도넛 모양으로 만들어 놓았다. 커다란 메인 줄기가 그려졌으니 이제 가지치기를 할 차례였다. 글에 문맥이 있듯이 길에서도 맥락이 있는 코스들을 주로 발굴하고 싶었다. 특히 조선시대부터 근현대사를 아우르는 700년 세월을 담고 있는 한양도성 주변으로는 무궁무진한 이야기들이 담겨 있는 보고와도 같았다. 성곽마을인 성북동 북정마을과 창신동 절벽마을을 둘러보는 코스에서부터 백운동천을 따라 오르는 계곡길은 물론이고 최근 개방된 청와대전망대 코스와 인왕산의 초소 책방과 숲속 쉼터를 둘러보는 코스들을 덧붙여 나갔다. 이렇게 성벽 안팎을 이어서 걸어보니 비로소 과거 한양도성의 모습이 입체적으로 그려지기 시작했다.

이런 가지치기 작업은 서울둘레길에서도 똑같이 진행되었다. 서울의 경계를 이어 걷는 157km의 이 장거리 트레일은 그 자체로도 매력적이었지만 오로지 완주를 위해서 모든 것을 쏟아붓는 목적 지향적인 특성 탓에 아쉬움도 있었다. 분명 로컬을 걷고 있지만 동선은 그 지역 동네 사람들의 일상적인 산책 코스와는 동떨어진 궤적이었기 때문일 것이다. 이런 아쉬움들을 채워준 것은 중간중간 마주쳤던 로컬로 빠져나가는 샛길들과 잘 꾸며진 무장애숲길의 존재들이었다. 마을과 시장을 둘러보고 옛 철길을 따라가는 샛길과 잘 만들어진 무장애숲길을 걸을 때는 마치 그 동네 토박이라도 된 듯한 정겨움을 느낄 수 있었다.

한양도성 순성길과 서울둘레길 사이는 과거 도성 밖 성저십리라고 불렸다. 텅 비어 있었을 것 같은 공간 안쪽으로는 각 자치구에서 조성한 둘레길들로 빼곡하게 채워져 있었다. 대부분의 코스는 해발 100m 남짓한 야산을 중심으로 만들어져 있었고 서로 연결되지 않은 채 단속적으로 존재한다. 어찌 보면 내가 사는 동네가 아니라면 굳이 가볼 일이 없던 동네들인지라 낯선 곳을 여행하는 듯한 들뜸과 설렘도 느낄 수 있는 여정이었다. 이곳에는 한양도성의 역사성도 서울둘레길의 스케일도 존재하지 않지만 아기자기하게 로컬을 걷는 즐거움은 정말 제대로 맛볼 수 있었다. 서울둘레길을 취재하면서 새롭게 발견한 알짜배기 코스들은 이곳에 가장 많았다.

  이 책은 서울의 둘레길을 소개하는 것에 일차적인 목적이 있지만 단순한 코스 가이드에 머물지 않는다. 길을 걸으며 마주했던 풍경과 체험들은 단지 맛집 몇 곳 소개로만 그칠 것이 아니었기 때문이다. 서울에 조성된 둘레길들은 우리들을 로컬로 이끌어주는 훌륭한 안내자였다. 숲속에 있는 매력적인 도서관들과 카페에서는 자연 속에서 사색과 치유의 시간을 누릴 수 있었으며 둘레길의 끝자락에서 마주하는 전통시장과 대학가 골목에서는 사람 냄새 물씬 풍기는 활기찬 에너지를 받을 수 있었다. 로컬에서 경험할 수 있는 각 동네의 다양한 정체성이야말로 우리가 서울둘레길을 걸으면서 얻게 되는 가장 큰 즐거움일 것이다.

  이 책에서는 코스 정보와는 별도로 로컬 여행을 안내하기 위한 명소들을 각 파트 뒤에서 소개하고 있다. 한양도성 순성길, 성저십리길, 서울둘레길 2.0까지 지역에 따른 로컬의 밀도가 다른 까닭에 각 특성에 맞는 장소와 스토리들을 발굴해 소개하려고 노력했다. 둘레길을 걷는 것은 불과 두세 시간이면 충분할 것이다. 코스가 끝났어도 여행이 멈추는 것은 아니다. 길에서 들려오는 이야기들에 좀 더 귀 기울이고 마을 이야기에 관심을 가져보길 권하고 싶다. 그렇게 하면 둘레꾼들은 로컬 여행자로 변신하여 서울의 숨은 이야기에 흠뻑 빠져들 수 있을 것이다.

2025년 8월 5일 서래마을에서 이준휘

> **Thanks for**
>
> 나의 고향, 서울을 재발견하는 흥미로웠던 여정에 동행해준 아내에게 감사함을 전한다. 함께 했기에 더욱 행복한 순간이었다. 출간을 위해 노력해주신 링크북스 편집장님께 진심 어린 감사의 인사를 드린다. 책의 콘셉트에 대해서 아낌없는 조언을 해준 조용식 국장님, 저작과 출간 과정에 있어 진심 어린 직언을 마다하지 않았던 박정웅 부장, 데이터 정리를 도와준 박준성 군, 그리고 항상 관심과 응원을 보내줬던 김영준, 노근태 대표께도 감사하다. 이 외에도 취재와 출간을 위해 도와주신 모든 분께 지면을 빌어 다시 한번 감사의 인사를 드린다.

목차

프롤로그	004
이 책을 보는 방법	010
난이도별 둘레길	014
숫자로 보는 둘레길	016
테마별 둘레길	018
인덱스	254

PART1

한양도성 순성길 & 성곽마을길

한양도성을 순성하다	028
한양도성의 숨은 히스토리	030
한양도성 체험 프로그램	032
한양도성 순성길과 성곽마을길 12코스 트레킹 맵	034

한양도성 순성길 1
☐ 낙산 구간 ... 036

성곽마을길 1
☐ 창신동 절벽길 ... 040

한양도성 순성길 2
☐ 남산 구간 ... 042

성곽마을길 2
☐ 남산 둘레길 ... 046

한양도성 순성길 3
☐ 인왕 구간 ... 048

성곽마을길 3
☐ 종로 둘레길 인왕산 구간 ... 052

성곽마을길 4
☐ 인왕산 둘레길 ... 054

한양도성 순성길 4
☐ 백악 구간 ... 056

성곽마을길 5
☐ 백사실 계곡 코스 ... 060

성곽마을길 6
☐ 심우장·길상사 코스 ... 062

성곽마을길 7
☐ 청와대전망대 코스 ... 064

성곽마을길 8
☐ 북악 하늘길 ... 066

LOCAL TOUR
성곽마을 이야기에 귀 기울이다

01 족발 골목에서 카페거리로 변신 중
장충동? 장충단길! ... 070

02 남산 자락의 원조 논란?
남산돈까스 ... 072

03 왕후의 기품이 서려 있는 동네
감고당길 ... 074

04 지붕 없는 박물관 그리고 미술관
성북동 ... 076

05 진짜 로컬과 만나다
전통시장 ... 078

★ 방문할 계획이거나 다녀온 코스에 ☑ 표시해보세요.

LOCAL TRAIL 15
PART2
성저십리길

성저십리를 유람하다		082
성저십리길 15코스 트레킹 맵		084

성저십리길 1
☐ 초안산 나들길 086

성저십리길 2
☐ 오봉근린공원 자락길 090

성저십리길 3
☐ 개운산 둘레길 092

성저십리길 4
☐ 천장산 하늘길 096

성저십리길 5
☐ 봉화산 둘레길 100

성저십리길 6
☐ 배봉산 둘레길 104

성저십리길 7
☐ 남산 자락숲길 106

성저십리길 8
☐ 응봉산 둘레길 108

성저십리길 9
☐ 백련산 초록숲길 110

성저십리길 10
☐ 안산 자락길 114

성저십리길 11
☐ 궁산 둘레길 116

성저십리길 12
☐ 봉제산 둘레길 120

성저십리길 13
☐ 독산 자락길 122

성저십리길 14
☐ 충효길 2·7코스 124

성저십리길 15
☐ 서행길 5코스 128

LOCAL TOUR
로컬에 머물다

01 오래도록 머무르고 싶은 자리
숲속 도서관 132

02 겸재 정선이 사랑한
궁산에 오르다 134

03 개미마을에서 문화촌까지
홍제동 탐방기 136

04 캠퍼스의 낭만을 찾아서
대학가 맛집 투어 138

05 진짜 로컬과 만나다
전통시장 140

06 산동네에 전해지는 흥미로운 이야기
성저십리의 전설 144

Local story
봉화산 도당굿 148

SEOUL TRAIL 24

PART3
서울둘레길 2.0

서울둘레길을 경외하다	152
서울둘레길 오리엔테이션	154
서울둘레길 2.0 21코스 트레킹 맵	156

서울둘레길 1코스
☐ 수락산 코스 — 158

서울둘레길 2코스
☐ 덕릉고개 코스 — 160

서울둘레길 3코스
☐ 불암산 코스 — 164

서울둘레길 4코스
☐ 망우·용마산 코스 — 166

서울둘레길 5코스
☐ 아차산 코스 — 168

서울둘레길 6코스
☐ 고덕산 코스 — 170

서울둘레길 7코스
☐ 일자산 코스 — 172

서울둘레길 8코스
☐ 장지·탄천 코스 — 174

서울둘레길 9코스
☐ 대모·구룡산 코스 — 176

서울둘레길 10코스
☐ 우면산 코스 — 178

서울둘레길 11코스
☐ 관악산 코스 — 180

서울둘레길 12코스
☐ 호암산 코스 — 182

서울둘레길 13코스
☐ 안양천 상류 코스 — 186

서울둘레길 14코스
☐ 안양천 하류 코스 — 188

서울둘레길 15코스
☐ 노을·하늘공원 코스 — 190

서울둘레길 16코스
☐ 봉산·앵봉산 코스 — 192

서울둘레길 17코스
☐ 북한산·은평 코스 — 196

서울둘레길 18코스
☐ 북한산·종로 코스 — 198

서울둘레길 19코스
☐ 북한산·성북 코스 — 200

서울둘레길 20코스
☐ 북한산·강북 코스 — 202

서울둘레길 21코스
☐ 북한산·도봉 코스 — 206

서울둘레길 연결 코스 1
☐ 경춘선숲길 — 208

서울둘레길 연결 코스 2
☐ 정릉시장가는길 — 210

서울둘레길 연결 코스 3
☐ 방학3동 역사문화길 — 212

★ 방문할 계획이거나 다녀온 코스에 ☑ 표시해보세요.

LOCAL TOUR
순례자가 되어 영감을 얻다

01 사색과 여백을 위한
숲속 카페 — 216

02 변신을 통해 재창조된
영감을 주는 공간 — 218

03 길 위의 시간 저장소
역사를 기리는 공간 — 220

04 순례자의 소박한 한 끼
국수 맛집 — 222

05 진짜 로컬과 만나다
전통시장 — 224

06 둘레길에서 발견한
로컬 맛집 — 228

07 로컬 감성 충만한
노포 술집 — 230

08 산바람을 벗 삼아 즐기는
야장 맛집 — 232

Local story
삼각산 도당제 — 234

SPECIAL COURSE 8
특별 부록
모두를 위한 무장애숲길 8

무장애숲길 1
☐ 수락산 무장애숲길 — 238

무장애숲길 2
☐ 불암산 무장애숲길 — 240

무장애숲길 3
☐ 용마산 자락길 — 242

무장애숲길 4
☐ 아차산 동행숲길 — 244

무장애숲길 5
☐ 대모산 자락길 — 246

무장애숲길 6
☐ 우면산 무장애숲길 — 248

무장애숲길 7
☐ 봉산 무장애숲길 — 250

무장애숲길 8
☐ 북한산 자락길 — 252

이 책을
보는 방법

이 책에서는 둘레길 60코스 각각의 거리와 소요 시간, 상승 고도, 경로 지도, 고도표를 제공하고 있다. 이는 모두 저자가 실제 답사하며 수집한 GPS 로그데이터를 기반으로 작성되었다. 독자들은 이 정보들을 통해 내가 갈 코스의 물리적인 스케일을 미리 파악해볼 수 있을 것이다.

❶ 거리

🗺 거리 7.5km

이 책에 표시된 거리는 코스 공식 거리가 아닌 코스 완주를 위해서 실제로 걸어야 하는 총거리를 말한다. 출발지는 코스의 공식적인 시점이 아닌 가장 가까운 지하철역이나 버스정류장으로 안내했다. 이에 따라 공식 거리보다 길어질 가능성이 높다. 예를 들어 서울둘레길 2코스의 공식 거리는 5.7km지만 시점과 종점을 찾아가며 지하철역에서 오가는 거리가 추가되어 이 책에는 6.7km로 표기되었다.

❷ 소요 시간

🕐 소요 시간 약 2시간 34분

이 책에 표기된 소요 시간은 저자가 실제로 코스를 답사하며 걸린 시간을 기준으로 표시하였다. 이때는 걷는 시간만을 의미하는 것이 아니라 휴식 시간과 구경 시간, 사진 찍은 시간까지 모두 포함한 수치다. 이에 따라 코스 거리가 짧더라도 주변 볼거리가 많아서 둘러보는 시간이 걸렸다면 비슷한 거리의 코스라도 소요 시간은 더욱 길게 집계되었다. 다만 이는 독자들을 위한 참고 사항일 뿐 실제 소요 시간은 개인의 체력과 컨디션에 따라서 차이를 보일 수 있다.

❸ **상승 고도**

🏔 **상승 고도** 254m

상승 고도는 둘레길을 걷는 동안 수직적으로 이동한 높이의 총합을 의미한다. 이는 상승 고도가 높을수록 오르막 구간이 많이 도사리고 있다는 뜻이기도 하다. 일반적으로 상승 고도가 0~150m 사이면 쉬움으로 보고 150~300m이면 중간, 300m 이상이면 어려움으로 이해하면 된다. 정상의 높이와 상승 고도가 늘 일치하는 것은 아니다. 상승 고도가 같아도 경사도에 따라서 오르막 구간의 길이는 경사도에 의해 서로 달라질 수 있다.

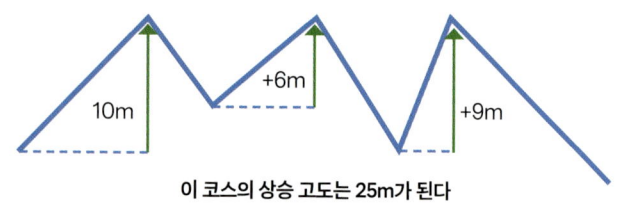

이 코스의 상승 고도는 25m가 된다

❹ **경로 지도**

경로 지도는 출발 위치부터 도착 위치 중간중간 주요 스폿 위치를 표시한 실선으로 표현했다.

실선 안쪽에 점선이 표시된 구간은 공식 구간 외에 추가 안내된 구간을 나타낸다. 예를 들어 무장애숲길처럼 이동 경로에 있지만 성격이 다른 구간을 표시했다.

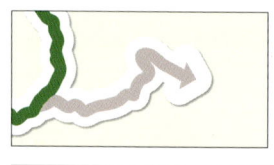

이동 경로 인근의 다른 코스로 나갈 수 있을 때는 회색 실선으로 표시하였다.

이동 경로 실선에 황토색 빗금이 덧칠해진 구간은 맨발 황톳길을 의미한다.

❺ 구간 난이도

구간 난이도
■ 쉬움
■ 보통
■ 어려움

구간 난이도는 특정 구간의 어려운 정도를 3가지 단계로 구분했다. 이는 경사도와 노면 상태를 복합적으로 고려한 결과다. 쉬움은 평지를 걷는 정도이며 보통은 약간의 오르막, 어려움은 숨이 차오르고 땀을 흘릴 정도의 구간이다.

❻ 고도 가이드

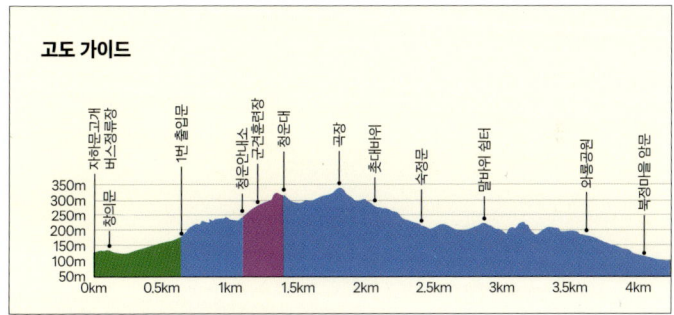

전체 코스의 구간별 거리와 고도를 확인할 수 있도록 안내한다. 내가 이동할 스팟을 보면 이동 거리와 고도까지 확인할 수 있어 편리하다.

한눈에 보는
난이도별 둘레길 코스

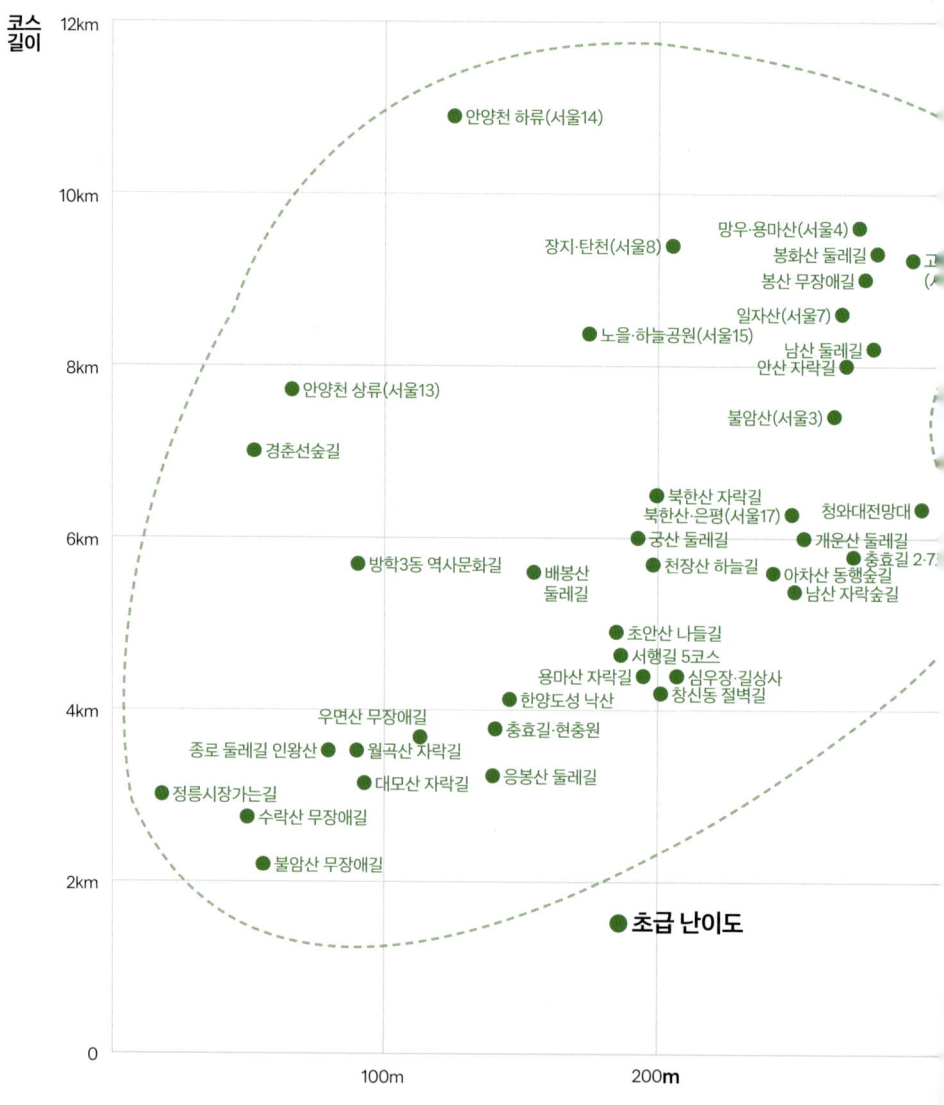

이 책에 담긴 60개의 둘레길 코스를 거리와 상승 고도에 따라 상급, 중급, 초급 난이도로 분류하였다. 초보자부터 마니아까지 모두가 만족할 코스가 있으니 내 체력에 맞는 구간부터 도전해보자. 책 254쪽 인덱스에 난이도별 코스 목록이 있으니 편리하게 이용해보자.

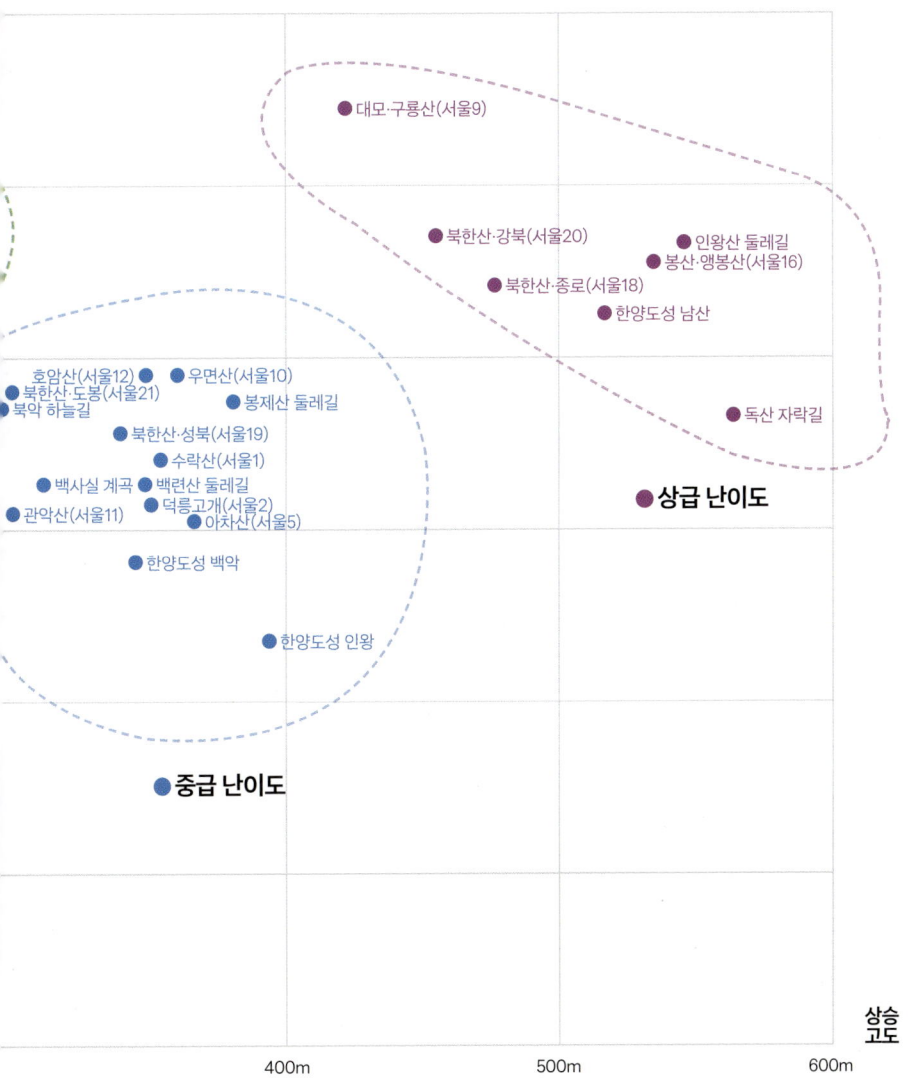

숫자로 보는
둘레길 60 코스

6.61km
평균 길이

이 책에 담긴 60개 둘레길의 평균 길이는 6.61km다. 대체로 누구나 쉽게 도전해볼 수 있는 적당한 거리를 갖고 있다. 그중 가장 긴 코스는 11km에 달하는 서울둘레길 9코스 대모·구룡산 구간이며 가장 짧은 코스는 2.3km의 불암산 무장애숲길이다.

이 책에서 소개하는 둘레길은 총 60개이며 이들을 모두 합한 거리는 396.6km에 이른다. 이중 가장 긴 트레일은 역시 서울둘레길이며 그 다음은 성저십리길, 한양도성길, 무장애숲길 순서다.

구성	총 거리
한양도성길	74.2km
성저십리길	94.7km
서울둘레길	173.7km
무장애숲길	54km

● 한양도성길 ● 성저십리길 ● 서울둘레길 ● 무장애숲길

396.6km
전체 거리

251.95m
평균 상승 고도

60개 둘레길의 평균 상승 고도는 251.95m이다. 이중 상승 고도가 가장 높은 코스는 호암산 정상을 지나가는 독산 자락길로 자그마치 552m다. 그러나 상승 고도가 19m에 불과한 정릉시장길도 있다.

구성	평균 상승 고도
한양도성길	296m
성저십리길	233m
서울둘레길	308m
무장애숲길	121m

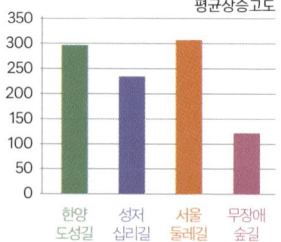

8,000보
손목닥터9988+

서울시에서는 하루 8,000보를 걸으면, 서울페이와 따릉이 쿠폰으로 바로 쓸 수 있는 포인트를 매일 적립해준다. 이 사업은 시민 모두가 99세까지 88하게 살 수 있도록 건강 활동을 지원하는 손목닥터9988+ 프로그램이다. 스마트워치 또는 앱을 통해 하루 8,000보(만 70세 이상은 5,000보) 걷기를 달성하면 1일 200포인트를 적립해준다. 1포인트는 서울페이 1원으로 바로 전환해 사용할 수 있으니, 걷기 보상형 앱 중에서도 적립률이 가히 최강이라고 할 수 있다. 광고가 전혀 없다는 것도 장점이다. 둘레길을 걸으며 소소한 혜택까지 얻을 수 있는 특별한 기회를 놓치지말자.

 손목닥터9988+ 가입하고 포인트 받기

가입 방법

서울 시민	손목닥터 9988+ 앱 설치 후 회원 가입	행정안전부 비대면 자격확인 검증	자격 인증 완료 5일 이상 소요
서울 소재 직장인·학생		재직 증명, 학생증 등 증빙자료 제출	
서울 소재 자영업자		행정안전부 비대면 자격확인 검증, 또는 사업자등록증 제출	

적립 포인트

구분		세무항목	부여포인트	최대횟수	최대포인트	신규	연속
참여		가입 완료	1,000P/1회	1회	1000P	O	-
		사전설문조사 참여	1,000P/1회	2회	2000P	O	
활동	신체 활동	1일 8,000보 걷기	200P/1일	365회	73,000P	O	O
		월간 일 8,000보 20일 달성 시	1,000P/월	12회	12,000P	O	
		이벤트/챌린지 참여			9,000P		
성과		사후 설문조사 참여	1,000P/회	1회	1,000P	O	O
		기타 설문조사 참여	1,000P/회	2회	2,000P	O	O
최대 적립 포인트			100,000P			10만	8.5만

포인트 사용법

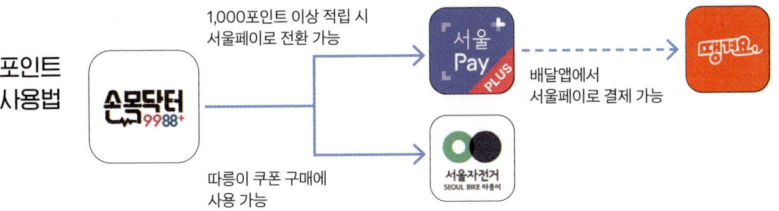

테마별 둘레길 추천 코스

언제 걸어도 좋은 둘레길! 테마별로 장점이 돋보이는 코스를 추천한다.
내 취향에 꼭 맞는 둘레길을 골라보자.

숲이 좋은 둘레길

01 소나무 숲이 우거진 서울둘레길 20코스 202p

북한산 자락의 솔밭공원에서 우이동 계곡까지 이어지는 서울둘레길 20코스 끝자락은 소나무 밀집도가 유난히 높은 구간이다. 그중에서도 백 년 된 소나무 천여 그루가 모여 자생지를 이루는 솔밭공원이 그 백미다.

02 은행나무 숲길이 좋은 충효길 7코스 124p

동작구 서달산 능선을 따라 걷는 충효길 7코스는 암문이라 불리는 쪽문을 통해서 국립 현충원으로 들고 날 수 있다. 호국영령이 잠들어 있는 이곳에는 정성스럽게 가꿔온 다양한 수목들이 망자의 넋을 달래고 있다. 가을이면 은행나무 숲길이 노랗게 물들며 장관을 이룬다.

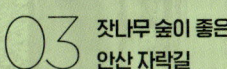

03 잣나무 숲이 좋은 안산 자락길 114p

시원시원하게 뻗는 잣나무들이 모여 숲을 이루는 것만큼 단정하고 정갈한 풍경은 없다. 안산 둘레길의 남측, 맨발 황톳길에서 숲속 쉼터까지 이어지는 구간에는 이곳이 과연 서울인가 싶을 만큼 울창한 아름드리 잣나무들이 방문자들을 반겨준다. 걸어도 좋고 그냥 쉼터에서 머물러도 좋은 안산 둘레길의 하이라이트 구간이다.

04 메타세쿼이아 숲길이 좋은 서울둘레길 15코스 190p

메타세쿼이아는 중생대 백악기 시절 공룡들이 활동할 때부터 지구상에 존재했던 나무로 살아있는 화석이라 불린다. 침엽수이면서도 가을이면 낙엽이 지는 독특한 수종이기도 하다. 서울둘레길 15코스 하늘공원 구간에는 시인의 길이라 불리는 멋진 가로수길이 조성되어 있다. 이제 메타세쿼이아를 보기 위해서 굳이 담양까지 먼 길을 나설 필요가 없다.

05 편백숲이 좋은 봉산 무장애숲길 250p

서울 시내에도 편백숲이 있다. 가장 많은 피톤치드를 내뿜는 것으로 알려진 편백은 산림욕의 제왕으로 인정 받고 있다. 온난 다습한 기후에서 잘 자라는 탓에 충청남도가 북방한계선으로 알려져 있으나 봉산 자락에 14,000그루가 심어져서 조림에 성공했다. 기후 온난화의 영향으로 보이는 탓에 마냥 반가워할 수만은 없는 현상이다. 무장애길을 따라 탐방할 수 있어 편리하다.

019

맨발로 걷기 좋은 둘레길

01 백련산 초록숲길 110p

02 안산 자락길 114p

맨발 걷기의 고수들은 백련산으로 가자. 2024년 말 백련산 능선을 따라 무려 2km의 맨발 길을 조성해서 오픈했다. 능선의 산책로를 따라 조성되었다. 발이 푹푹 빠지는 점성 있는 황톳길이 아니라 일반 흙길에 황토를 붓고 나무 뿌리와 돌멩이들을 정리한 하드한 타입의 맨발길이다. 북쪽과 남쪽 두 개의 구간이 있는데 북쪽보다는 남쪽 구간이 더 평탄해서 걷기가 쉽다. 걸을 때 등산 스틱의 도움을 받기도 한다.

잣나무 숲이 좋은 코스로 소개했던 안산 둘레길이 맨발 걷기 좋은 길로 2관왕을 차지했다. 둘레길의 북쪽 홍제동과 맞닿아 있는 공원 순환도로 한편으로 무려 550m 길이의 황톳길이 조성되어 있다. 단순하게 긴 것만이 아니라 100m 간격으로 설치된 세족장과 바람과 비를 막아주는 비닐하우스 지붕, 습도를 유지해주는 안개 분사 시설까지 최고의 편의시설을 갖춰놓았다. 황톳길 중간에는 무릎까지 푹푹 들어가는 황토 족탕도 마련해놓아 이 정도면 황토 테마파크라 부를만하다.

03 서울둘레길 14코스
안양천 하류　188p

백련산과 안산이 있는서대문만큼 황토길에 진심인 자치구가 영등포구다. 특히 서울둘레길 안양천 하류 코스는 5km 구간에 무려 네 곳의 황톳길을 경유하게 된다. 서울둘레길 여행과 황톳길 맨발 걷기를 병행할 수 있는 1석 2조의 코스라 할 수 있다. 황톳길마다 빠지지 않고 세족장이 완비되어 있어 편리하다.

04 방학3동
역사문화길　212p

방학3동주민센터에서 발자국길 종점 사이 방학천을 따라 조성된 공원을 발바닥공원이라 부른다. 이곳은 주민들을 위한 작은 배려가 돋보인다. 겨울이면 휴게 정자에 비닐로 차양을 치고 난방을 제공하고 공원 중심에 있는 맨발 황톳길 코스에도 바람을 막기 위해 비닐하우스를 설치한다. 이런 배려 탓인지 공원에는 날씨와 상관없이 마실 나온 사람들로 가득하다.

05 남산
자락숲길　106p

남산 자락숲길 2코스 응봉과 매봉산 자락에는 약 150m 길이의 순환형 황토 숲길이 2곳 조성 되어 있다. 단순한 일자형이 아니라 길의 구성이 다양해 훨씬 덜 지루하다. 남산 자락길을 걸을 때 꼭 한번 방문해보길 추천한다.

반려견과 산책하기 좋은 둘레길

01 서행길 5코스　128p

서행길 5코스는 도심 한복판에 있어 주변에서 접근하기가 좋다. 대부분 구간이 낮은 야산을 통과하고 있어 반려견과 함께 산책하기에 좋다. 특히 누에다리를 건너 도착하는 몽마르뜨공원 중앙에는 넓은 잔디밭이 있어 사람은 물론이고 뛰어놀고 싶은 반려견들에게도 천국 같은 장소이다. 반려견 주인들의 주된 모임 장소이기도 하다.

02 남산 자락숲길　106p

2024년 최근에 오픈한 둘레길인 만큼 반려견에 대한 세심한 배려가 좋다. 공용화장실 앞에 잠시 반려견 목줄을 묶어놓을 수 있는 대기소가 마련되었고 곳곳에 배변 봉투함도 설치되어 있다. 정책적으로 반려견과 산책하기 좋은 코스를 표방하는 곳이라 반려견 주인들은 좀 더 대접받는 느낌으로 이용해도 좋다.

03 서울둘레길 13코스 안양천 상류　186p

경사도가 거의 없는 평지 코스라 반려견, 특히 슬개골이 신경 쓰이는 소형견과 산책하기에 좋은 코스다. 자전거도로가 지나가는 둔치 쪽이 아니라 둑방길을 이용하기에 더욱 좋다. 둑방의 폭도 제법 넓은지라 산책하는 사람들을 만나도 덜 부담스럽고 마킹 자국을 남길만한 가로수들도 끝없이 이어진다. 금천한내교 주변으로는 반려견 놀이터도 마련되어 있다. 단 놀이터 바닥이 포장된 점은 아쉽다.

04 서울둘레길 7코스 일자산　172p

일자산은 높이가 해발 100m 내외로 낮고, 능선이 좌우로 길게 뻗어 있어 반려견과 산책하기에 좋다. 능선길은 사람들의 통행도 드물어서 한갓진 분위기다. 7코스는 전체가 8.7km 정도 되기 때문에 반려견 산책이 목적이라면 코스 시점인 고덕역에서 출발하는 것보다 중간에 일자산 구간만 돌아보는 것이 좋다. 이때는 지하철 중앙보훈역에서 하차한다. 차를 가져갈 때는 일자산2체육관 주차장 또는 일자산 근린공원 주차장을 이용할 수 있다.

05 봉제산 둘레길　120p

해발 180m의 나지막한 산이라 반려견과 산책하기에 부담 없다. 서측 봉제산근린공원에는 반려동물 전용놀이터도 있어서 인기다. 거미줄같이 산책로가 이어져 있어 이동이 자유롭고 인적이 드물다는 점도 장점이다. 둘레길 경로에는 카페, 숲속 도서관, 무장애길까지 있어 주인도 행복해지는 산책길이다.

(야경이 아름다운 둘레길)

01 한양도성 낙산 구간　　036p

애니메이션 <케이팝 데몬 헌터스>에 등장하며 일약 세계적인 명소로 발돋움하였다. 낙산의 낮은 고도와 야간 조명 덕분에 야간에도 산책하기 좋은 코스다. 해 질 무렵에는 인왕산 쪽으로 저무는 노을이 좋지만, 야간에는 동대문 쪽에서 성벽으로 오르다가 남쪽으로 동대문 일대를 바라보는 야경이 특히 아름답다.

02 응봉산 둘레길　　108p

해발 95m의 응봉산 정상은 서울에서도 손꼽히는 야경 명소 중 한 곳이다. 특히 한강을 배경으로 한 야경 사진 촬영 장소로는 첫손에 꼽는다. 이곳 역시 낮은 고도와 야간 조명 덕분에 저녁에도 부담 없이 올라 주변의 야경을 즐길 수 있다. 신동아아파트 버스정류장에서 하차하면 정상까지 300m 거리에 불과해 아주 가성비 좋은 명소라 할 수 있다.

03 종로 둘레길 인왕산 구간　　052p

남산을 배경으로 광화문 일대의 야경 사진 찍기 좋은 장소를 찾는다면 인왕산으로 가야 한다. 특히 종로 둘레길 인왕산 구간에는 초소 책방과 무무대전망대라는 두 곳의 야경 명소가 존재한다. 차량으로 이동해서 가볍게 야경을 즐긴다면 초소 책방으로, 삼각대 펼쳐놓고 제대로 사진을 찍어보겠다면 무무대로 가면 된다. 경복궁역에서 도보로 접근할 수 있고 산책로에 경관 조명도 잘 되어 있어 저녁 시간에도 부담스럽지 않게 다녀올 수 있다.

04 한양도성 남산 구간　　042p

서울의 야경이 가장 아름다운 장소로 손꼽히는 곳이다. 강북과 강남까지 남산타워를 중심으로 360도 펼쳐지는 전망은 이미 세계적으로 알려진 명소가 되었다. 넓은 전망 데크와 각도를 틀 때마다 달라지는 다양한 풍경은 인파에 치여도 별로 스트레스가 없다. 다만 야간에는 국립극장에서 팔각정까지의 성벽 길은 외지고 가파르니 추천하지 않고 순환도로를 따라 정상에 올라 남대문 쪽으로 내려가는 것을 추천한다.

05 배봉산 둘레길　　104p

인근 아차산, 용마산과 마찬가지로 고구려의 보루가 있었다는 것은 군사적 요충지이기 이전에 서울 전망 하나는 끝내주는 조망 장소였다는 보증수표와 다름없다. 배봉산도 높이가 100m에 불과해서 정상으로 오르는 가성비는 아차산과 용마산보다도 좋다. 정상에는 탁 트인 개활지가 펼쳐져 있어 으슥하거나 무섭지 않아 주야간으로 사랑받는 명소다. 이곳에서는 특히 강 건너 롯데월드타워의 모습이 조망되어 특별하다.

HANYANGDOSEONG 12

PART 1

한양도성 순성길 & 성곽마을길

한양도성을 순성하다

순성巡城은 성을 두루 돌아다니며 구경하는 것을 뜻한다. '순행', '순례'라는 말과 비슷한 뉘앙스를 지니고 있다. 이는 물의 흐름에 따르듯 정해진 경로를 따라간다는 것에서 서로 일맥상통한다.
한양도성 순성길은 한양을 둘러싼 북악산, 낙산, 남산, 인왕산을 이어주는 성벽을 따라 걷게 된다. 옛 도성의 흔적을 따라가는 탐방로에서 과거의 역사와 현대의 도시가 교차하는 풍경을 생생히 느낄 수 있다. 중간중간 성벽이 끊어진 구간에서는 실낱같이 남아 있는 흔적들을 단서 삼아서 경로를 찾아다니게 될 것이다. 한양도성을 한 바퀴를 돌고 나면 무심코 지나쳤던 서울의 구조와 설계 원리가 이해될 것이다.

"한양도성 순성길은 경계를 따라 원을 그리며
나아가면서 동시에 수많은 암문과 대문 그리고 소문을 통해서
안팎으로 서로 연결되고 이어지면서 팽창해 나간다.
가파른 산동네와 계곡, 갖가지 일상의 공간이 덧씌워지며
성벽 주변에서만 볼 수 있는 독특한 풍경들을 탄생시켰다."

알고 걸으면 더 흥미로운
한양도성의 숨은 히스토리

한양도성의 나이는?

한양도성은 조선왕조의 권위를 드높이는 한편 도읍지인 한성부의 경계를 표시하고 외부의 침입으로부터 방어하기 위해서 축조된 성벽이다. 태조 이성계는 한양으로 도읍을 옮기고 1396년부터 2년에 걸쳐서 백악산, 낙산, 남산, 인왕산의 능선을 따라서 성벽을 세웠다. 평균 높이는 5~8m에 이르고, 전체 길이는 18.6km에 달한다. 한양도성은 현존하는 도성 중 가장 오랜 기간인 514년(1396년~1910년) 가까이 도성의 기능을 수행하였다.

한양도성의 문은 모두 몇 개?

한양도성에는 네 개의 대문과 네 개의 소문이 있으며 이를 사대문과 사소문이라고 부른다. 사대문은 흥인지문(동대문), 돈의문(서대문), 숭례문(남대문), 숙정문(북대문)이며 사소문은 혜화문, 소의문, 광희문, 창의문이다. 이중 돈의문과 소의문은 그 터만 남아 있다. 그밖에 도성 안쪽에서 흐르는 청계천 물길이 나가는 오간수문과 남산에서 흘러내리는 물길이 나가는 이간수문이 있다.

조선시대의 공사실명제, 각자성석

한양도성을 걷다 보면 가끔씩 성곽 하단에 글자가 새겨진 돌들을 발견할 수 있다. 각자성석刻字城石이라고 불리는 이 돌에는 공사 담당자와 축성에 관련된 사항이 기록되어 있다. 성벽이 파손됐을 때 책임 소재를 묻고 또 원활한 유지보수를 위한 방편이었다. 한양도성에서 현재까지 발견된 각자성석은 270여 개다. 돌에 적힌 내용은 시대별로 조금씩 차이가 있다. 태조 때는 구간을 표시하는 천자문과 숫자만 새겨 넣었고 세종 때에 이르러 공사를 담당한 군과 현을 추가로 새겼다. 조선 후기로 들어오면 공사 시기와 담당 군영, 감독자, 담당자 이름까지 새겨 넣음으로써 공사실명제를 명확하게 하였다.

> 한양도성
> 순성길
> 순성하다

한양도성 리모델링의 역사

한양도성이 처음 완성되었을 때는 평지에는 흙으로, 산지에는 돌로 성을 쌓았었다. 그리고 수차례에 걸쳐 보수, 개축되었다. 세종 때에는 토성을 모두 석성으로 고쳐 쌓았고, 600척(192m)을 기준으로 성곽을 97개 구간으로 나누어 구간별 축성과 보수의 책임을 명확하게 하였다. 18세기 숙종 때는 임진왜란으로 인해 파괴된 도성의 대대적인 보수 공사가 진행되었고 이때부터는 백성이 아닌 훈련도감, 금위영, 어영청 등의 군영에서 공사를 담당했다. 한양도성을 걷다 보면 축성이 진행된 시대에 따라서 돌의 모양과 쌓는 방법에 차이가 있어 그 시기를 구분할 수 있다.

14세기 처음 성을 쌓을 때는 평지에는 토성을 쌓고 산지에만 석성을 쌓았다. 자연석을 거칠게 다듬어 사용하였으며 남산 구간에서 쉽게 확인할 수 있다.

15세기 세종 때에 들어와서는 평지의 토성을 모두 석성으로 다시 쌓았다. 이때는 돌을 옥수수 모양으로 다듬어서 사용하였다.

18세기 숙종 때는 성벽을 여러 차례 다시 쌓았다. 기존에 쌓아둔 돌이 작아서 쉽게 무너졌기 때문에 가로세로 40~45cm의 정방형 돌을 다듬어서 사용하였다.

19세기 순조 때에는 돌을 가로세로 60cm의 정방형 크기로 더 크고 정교하게 다듬어서 쌓았다.

걷기 여행이 더 즐거워지는
한양도성 체험 프로그램

한양도성 종주 인증제

18.6km의 한양도성 순성길 전체를 완주하면 '한양도성 순성길 완주인증서'를 발급받을 수 있다. 이때 인증서와 함께 인증 배지도 받게 되는데, 봄(4~6월), 여름(7~9월), 가을(10~12월), 겨울(1~3월) 계절마다 다른 4가지의 배지를 획득할 수 있다. 사계절 배지를 모두 획득하면 끝판왕 '메탈 배지'를 받을 수 있다.

인증 방법

❶ 사진 촬영 ▶ ❷ 발급 신청 ▶ ❸ 방문 수령

한양도성 구간별 인증 장소 4곳에서 본인의 얼굴이 나오도록 촬영한다. 단체가 아닌 1인의 얼굴이 나온 사진만 인정된다.

한양도성 누리집에 인증 사진 4장을 업로드한다.

한양도성 유적전시관 또는 한양도성 혜화동 전시안내센터에서 완주인증서를 발급받는다. 인증서는 분기당 1회만 발급해준다.

인증 사진 촬영 장소

① 백악 구간
청운대 표석 또는 백악산 표석

② 낙산 구간
낙산공원 표지판 또는 조망 시설 표지판

③ 남산 구간
목멱산 봉수대 터

④ 인왕 구간
인왕산 정상 표지판 또는 삿갓바위

인증서 발급 기관

한양도성 혜화동 전시안내센터
🕐 10:00~17:00 (점심시간 12:00~13:00 제외, 월요일 휴무) 📍 서울시 종로구 창경궁로35길 63 📞 02-766-8520

한양도성 유적전시관
🕐 10:00~17:00 (점심시간 12:00~13:00 제외, 월요일 휴무) 📍 서울시 중구 회현동1가 100-267 📞 02-779-9870

한양도성 해설사 프로그램

서울시와 중구, 종로구에서는 해설사와 함께 순성길을 답사하는 다양한 프로그램이 운영되고 있다. 대체로 구간별로 프로그램을 운영하고 있으니 내가 가고 싶은 코스를 확인해서 신청해보자.

한양도성
순성길
순성하다

종로구·중구 한양도성 해설 투어

구분	코스	주관	출발 장소	출발 시간
백악 구간	창의문~혜화문	종로구	창의문	오전 10시, 오후 2시 7~8월: 오전 9시 30분
낙산 구간	혜화문~광희문	종로구	혜화문	
남산 구간	광희문~숭례문	중구	광희문	
인왕 구간	숭례문~창의문	종로구	숭례문	

✓ 예약 : 종로구·중구 문화관광 사이트> 한양도성 해설 프로그램 신청
✓ 문의 : 종로구 관광체육과 ☎ 02-2148-1864 / 중구 체육관광과 ☎ 02-3396-4644

서울시 도보 해설 관광

구분	코스	출발 장소	출발 시간
낙산 성곽	흥인지문-낙산 정상-낙산전시관-마로니에공원	동대문역 7번 출구	평일: 10시, 14시 주말: 10시, 14시, 15시
남산 성곽	장충단공원-한양도성-국립극장-봉수대-안중근기념관	동대입구역 6번 출구	

✓ 예약 : 서울문화관광 사이트> 서울 도보 해설 관광 신청
✓ 문의 : 서울도보관광 ☎ 02-6925-0777

한양도성 혜화동 전시안내센터

과거 서울시장 공관으로 사용되었던 1940년대 지어진 목조 건물을 리모델링해 한양도성 전시안내센터로 사용하고 있다. 한양도성 해설 프로그램이 하루 3회, 10시, 14시, 15시에 진행된다. 해설 시간은 50분이며 초등학교 3학년 이상 매회 15명까지 신청할 수 있다.

✓ 관람 시간 : 09:30~17:30(월요일 휴무) ✓ 해설 예약 : 서울시 공공서비스예약 사이트> '옛 서울시장 공관의 역사와 한양도성의 의미' 신청

한양도성 유적전시관

과거 남산식물원 자리에 있다. 2013~2014년 발굴 조사를 통해 드러난 성벽 유적을 전시하고 있다. 한양도성 해설 프로그램이 하루 4회, 10시, 11시 30분, 14시, 16시에 진행된다. 매회 15명까지 신청할 수 있으며 사전 예약 미달 시 현장 접수 가능하다.

✓ 관람 시간 : 09:00~18:00(월요일 휴무) ✓ 해설 예약 : 서울시 공공서비스예약 사이트 > 한양도성 유적전시관 전시 해설 신청

한양도성 순성길과 성곽마을길
12코스 트레킹 맵

한양도성을 주제로 걷는 길은 다양하다. 가장 대표가 되는 '한양도성 순성길'은 한양도성을 따라 한 바퀴 걷는 순환형 코스로 총 18.6km에 이른다. 그밖에 한양도성에 걸쳐진 산을 따라 돌아보는 둘레길, 인근 산동네와 명승지를 오고 가는 마을길도 다양하다. 이 책에서는 '한양도성 순성길 4코스'와 더불어 인근의 대표적인 '성곽마을길 8코스'를 소개한다.

1 한양도성 순성길 1: 낙산 구간 p.036
한성대입구역-동대문역사문화공원역

2 성곽마을길 1: 창신동 절벽길 p.040
동대문역-동대문역

3 한양도성 순성길 2: 남산 구간 p.042
동대문역사문화공원역-국립극장 버스정류장

4 성곽마을길 2: 남산 둘레길 p.046
남산케이블카 버스정류장-남산3호터널 버스정류장

5 한양도성 순성길 3: 인왕 구간 p.048
사가정역-광나루역

6 성곽마을길 3: 종로 둘레길 인왕산 구간 p.052
자하문고개 버스정류장-경복궁역

7 성곽마을길 4: 인왕산 둘레길 p.054
독립문역-독립문역

8 한양도성 순성길 4: 백악 구간 p.056
자하문고개 버스정류장-한성대입구역

9 성곽마을길 5: 백사실 계곡 코스 p.060
세검정교회 버스정류장-안국역

10 성곽마을길 6: 심우장·길상사 코스 p.062
양재시민의숲역-사당역

11 성곽마을길 7: 청와대전망대 코스 p.064
경복궁역-안국역

12 성곽마을길 8: 북악 하늘길 p.066
성북구민회관 버스정류장-안국역

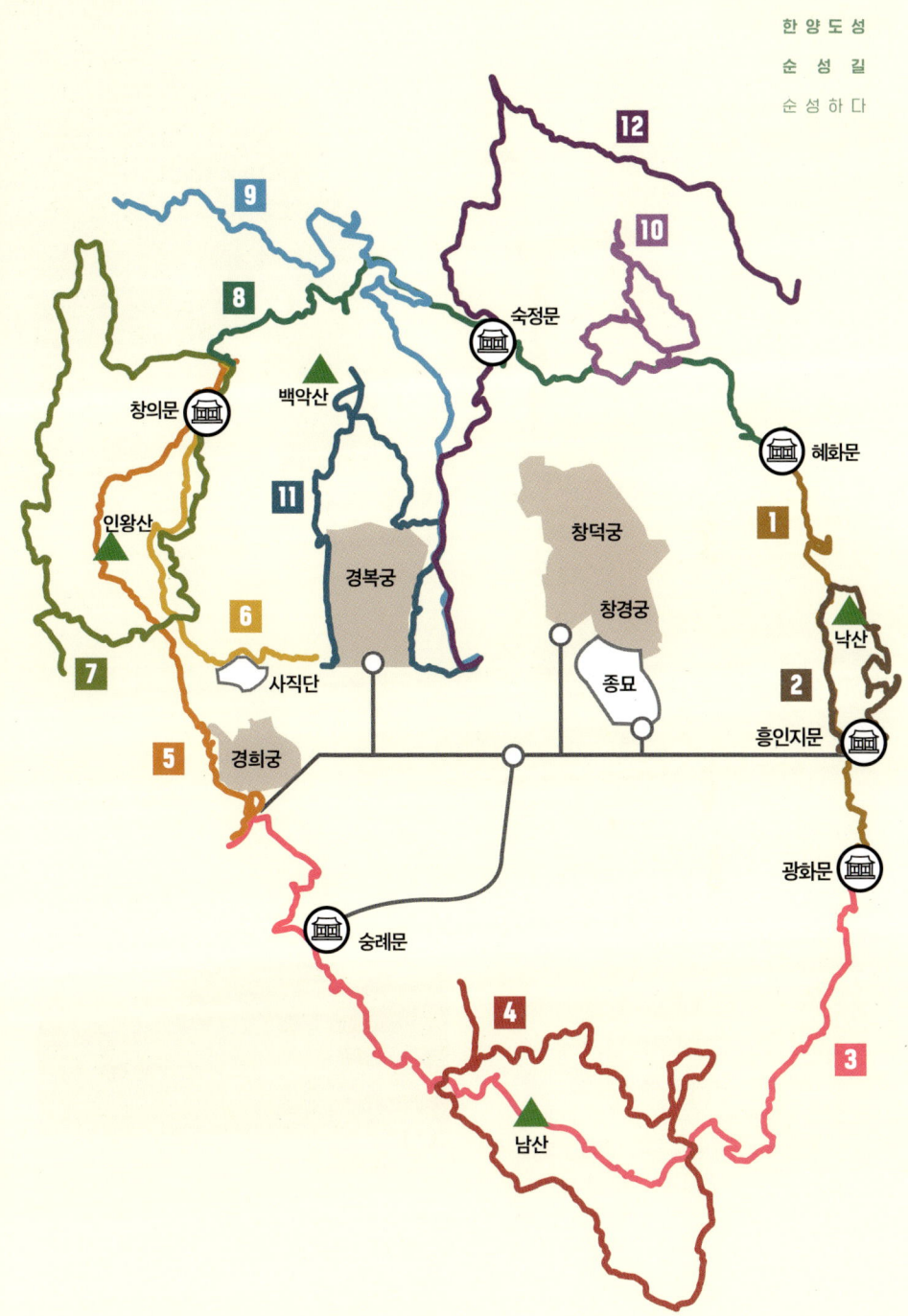

> 한양도성 순성길 1

낙산공원에 올라 해넘이를 바라보다
낙산 구간

낙산 구간은 한양도성 순성길 중에서 제일 쉬운 코스이자 도심과 가장 가까운 코스다. 삼선동, 창신동, 이화마을까지 성벽 주변 마을의 모습이 친숙하게 다가온다. 동대문에서 잃어버렸던 성벽의 흔적이 동대문 디자인플라자 뒤쪽으로 선명하게 이어지고 있었다는 것도 이날 새롭게 깨닫게 된 사실이다. 다시 한번 끊긴 옛 도성을 찾아 걷다 보면 어느덧 창의문에 도착하게 된다. 무심코 지나쳤던 서울의 옛 모습을 찾아가는 여정이 이제 시작된다.

MAIN SPOT

① 혜화문

서울 도성의 사소문四小門 중 동북쪽에 해당하는 문이다. 동소문이란 별칭으로도 불렸다. 이곳을 통해서 성북동, 고양시, 의주로 가는 길이 연결되었다. 일제강점기 철거되었다가 1992년도에 원래 위치에서 조금 북쪽에 복원되었다.

❷ 369마을 마실 카페

과거 '삼선6구역'으로 불렸던 재개발 예정지를 기반으로 탄생한 성곽마을에서 운영하는 커뮤니티 카페다. 성곽길 한쪽, 삼선동이 시원하게 내려다보이는 곳에 마련되어 방문객들이 커피와 다과를 즐길 수 있으며 수익금은 공동체로 환원된다.

❸ 삼군부 총무당

삼군부는 조선의 군부를 총괄하던 최고 군사기관이다. 삼군부 청사 건물이었던 총무당은 원래는 광화문 정부서울청사 자리에 있었으나 1930년대 일제강점기 때 이곳으로 옮겨졌다.

COURSE MAP

MAIN SPOT

④ 이간수문

조선시대 한양도성의 중요한 배수시설로 청계천의 지류인 이간수가 성곽을 빠져나가도록 설계된 수문이다. 물길 관리는 물론이고 도시의 방어를 위한 임무도 반영된 인프라 시설이었다. 2009년 동대문 디자인플라자 공사 당시 발굴되어 복원시킨 것이다.

⑤ 광희문

한양도성의 사소문 중 동남쪽에 있는 성문이다. 청계천에서 흘러나오는 물을 배출하는 통로 역할도 겸했기에 수구문이란 명칭으로 불렸다. 주로 백성의 통행과 시신을 운반하는 출입구로 사용되었다.

MORE INFO

찾아가기
IN 4호선 한성대입구역 4번 출구에서 160m 직진.
OUT 2·4·5호선 동대문역사문화공원역 3번 출구

코스 정보
혜화문에서 낙산을 지나 광희문까지 이어지는 4.2km 구간이다. 낙산은 풍수적으로 서울의 좌청룡에 해당하는 산이다. 높이가 124m에 불과해서 내사산(북악, 낙산, 남산, 인왕)중에서 가장 낮다. 이런 까닭에 한양도성길 네 개 구간 중에 가장 짧고 가장 쉽다. 삼군부 총무당으로 다녀오기 위해서는 약 200m를 빠져나갔다가 되돌아와야 한다. 또한 동대문에서 창의문까지는 도로 단절 구간이 많아 안내표지를 따라서 길을 잘 찾아다녀야 한다.

즐길 거리
한양도성 순성길 완주인증서 한양도성 순성길 각 구간에 마련된 네 곳에서 인증 사진을 찍은 뒤 백악 구간 종점에 있는 한양도성 혜화동 전시안내센터에 방문하면 한양도성 순성길 완주인증서를 발급받을 수 있다. 낙산 구간의 인증 장소는 낙산공원 표지판 또는 낙산공원 조망 지점 표지판이다.
369마실 카페 주택을 개조해서 만든 공간이라 정감 있다. 성벽 쪽 테라스 자리도 좋지만, 안쪽 마당에서 바라보는 삼선동의 풍경도 아름답다. 369성곽마을에서 진행되는 공연, 성곽 투어, 플리마켓 등의 행사 정보는 블로그에서 확인할 수 있다. ⓗ blog.naver.com/369maeul ⓣ 10:00~19:00 ⓐ 성북구 삼선교로4가길 13-1 ⓟ 0507-1320-2787 ⓜ 아메리카노 3,500원, 돌がs 3,500원

주차 정보
삼선동 공영주차장 ⓦ 5분당 150원 ⓐ 성북구 삼선교로4길 71

성곽마을길 1

절벽마을의 애환이 담겨 있는 블루로드
창신동 절벽길

한양도성 순성길 낙산 구간을 외성이 아닌 성곽 안쪽 내성을 따라 간다. 낙산은 외성보다 내성 쪽이 훨씬 조망이 좋다. 내사산 중에서 키는 가장 작지만 그 위치가 절묘하기 때문일 것이다. 낙산 정상에 도착하면 이번에는 채석장 위에 세워진 마을, 창신동 골목 투어가 시작된다. 돌산마을에서 채석장전망대, 회오리길과 안양암까지 다른 동네에서는 보기 힘든 독특한 풍경들과 마주한다. 산동네와 봉제 골목 그리고 전통시장이 어우러지는 분위기도 색다르다.

MAIN SPOT

① 채석장전망대

삼선동의 369마을 마실과 같이 창신동 골목길 투어의 중심에 있다. 마을협동조합에서 운영하는 공동체 사업장이다. 2층에 카페, 3층에 야외 전망대가 설치되어 있다. 이곳에서 보이는 채석장은 숭인동 쪽이다.

② 돌산마을 조망점

채석장 절개지 위에 마을이 자리 잡았다고 해서 돌산마을이라 부른다. 이를 한눈에 이해하게 되는 장소가 바로 이 조망점이다. 창신공작소를 지나 창신6길 쪽으로 내려가면 '돌산마을 조망점'이라는 안내표지가 나온다.

COURSE MAP

🗺 거리 4.6km ⏱ 소요 시간 약 1시간 37분 ⛰ 상승 고도 189m

구간 난이도
- 쉬움
- 보통
- 어려움

고도 가이드

MORE INFO

찾아가기
IN 1호선 동대문역 1번 출구로 나와서 반대 방향으로 130m 직진 후 흥인지문공원으로 진입.
OUT 1호선 동대문역 3번 출구

코스 정보
한양도성길 낙산 구간을 동대문역에서 출발해서 낙산 정상까지 반대 방향으로 오른다. 이후 낙산 정상에서는 창신동 채석장 전망대를 향해서 방향을 튼다. 이제부터는 공식적인 코스가 아닌 골목 투어 콘셉트이다. 별도의 안내표지판이 없기에 창신공작소, 돌산마을 조망점, 회오리마당, 안양암 순으로 경유 지점을 찾아다녀야 한다. 좁은 골목길이 헷갈릴 만도 하지만 이마저도 골목 투어의 묘미가 될 것이다. 안양암의 석굴은 사찰 위쪽 바위에 숨어 있다. 경내를 지나서 위쪽으로 올라가야 발견할 수 있다.

주변 정보

창신동 회오리길 창신시장 쪽에서 채석장전망대로 오르는 중심 도로다. 가파른 언덕과 급커브가 반복되는 형태로, 마치 회오리가 치는 것 같은 모양이다. 걸어 오르기도 가파른 길을 자동차들이 오르내리는 진풍경을 볼 수 있다. 창신동 595-269번지를 말한다.

카페 낙타 채석장전망대에서 운영하고 있는 카페다. 채석장 절개지 위 마을 풍경을 한눈에 감상할 수 있다. ⏱ 10:00~20:00(월요일 휴무) 📍 종로구 낙산5길 51 ☎ 0507-1330-5416 ☕ 아메리카노 4,500원

안양암 석굴 안양암은 사찰 전체가 성보박물관이라 불릴 정도로 유명한 불교 유물로 가득하다. 그중 특별한 것이 석굴이다. 사찰 위쪽을 감싸고 있는 큰 암벽에 올라가면 서로 이어져 있는 두 개의 석굴을 만날 수 있다. 바위로 되어 있지만 물이 끊김 없이 흘러 신비롭다. 📍 종로구 창신5길 61 ☎ 02-744-6923

③ 안양암

창신동 두산아파트를 지나며 만나게 되는 커다란 바위를 품은 사찰이다. 조선 말기에 창건한 유서 깊은 사찰로 전체가 박물관일 정도로 다양한 불교 유물들을 소장하고 있다. 특히 입구 쪽 바위에 새겨져 있는 마애관음보살좌상이 특별하다.

주차 정보
나이스파크 종로창신동 주차장 동대문역 1번 출구 앞. 💰 30분당 6,000원 📍 종로구 창신길 13

한양도성 순성길 2

주택가에 숨어 있는
성벽을 발견하는 재미
남산 구간

한양도성길에서 성곽이 가장 잘 보존된 구간이다. 장충동 주택가 담벼락에서 발견한 도성의 흔적은 아직도 우리가 성에 기대어 살고 있음을 깨닫게 해준다. 축성 시기에 따라 달라지는 돌의 크기와 색상은 제각각이지만 함께 기대어 어우러진다. 일제강점기의 흔적이 가장 독하게 남아 있던 남산을 걸으며 뜯기고 잘려 나간 도성의 흔적들과도 가까이 마주한다.

MAIN SPOT

① 멸실 구간

광희문에서 장충체육관까지 약 600m 구간은 성곽이 사라진 멸실 구간이다. 동호로20길을 따라가게 되는데 우측 주택 사이에 주차 공간을 들여다보면 곳곳에서 성벽의 흔적을 확인할 수 있다. 이 구간은 멸실이 아닌 미복원 구간이라 부르는 것이 맞다.

❷ 남산봉수대

남산타워 맞은편 팔각정 옆에는 목멱산 봉수대가 남아 있다. 고종 때 봉수제도가 폐지되면서 기능을 상실했던 봉수대를 1993년에 복원한 것이고 한양도성 완주인증서를 받기 위한 인증 사진 촬영 장소이기도 하다.

❸ 조선신궁 배전 터

1920년대 일제가 남산 정상에 있던 국사당을 인왕산으로 옮기고 그곳에 일본식 신사인 조선신궁을 세웠다는 것을 확인할 수 있는 흔적이다. 배전은 조선인에게 신사 참배를 강요했던 공간으로 사용된 곳이다.

COURSE MAP

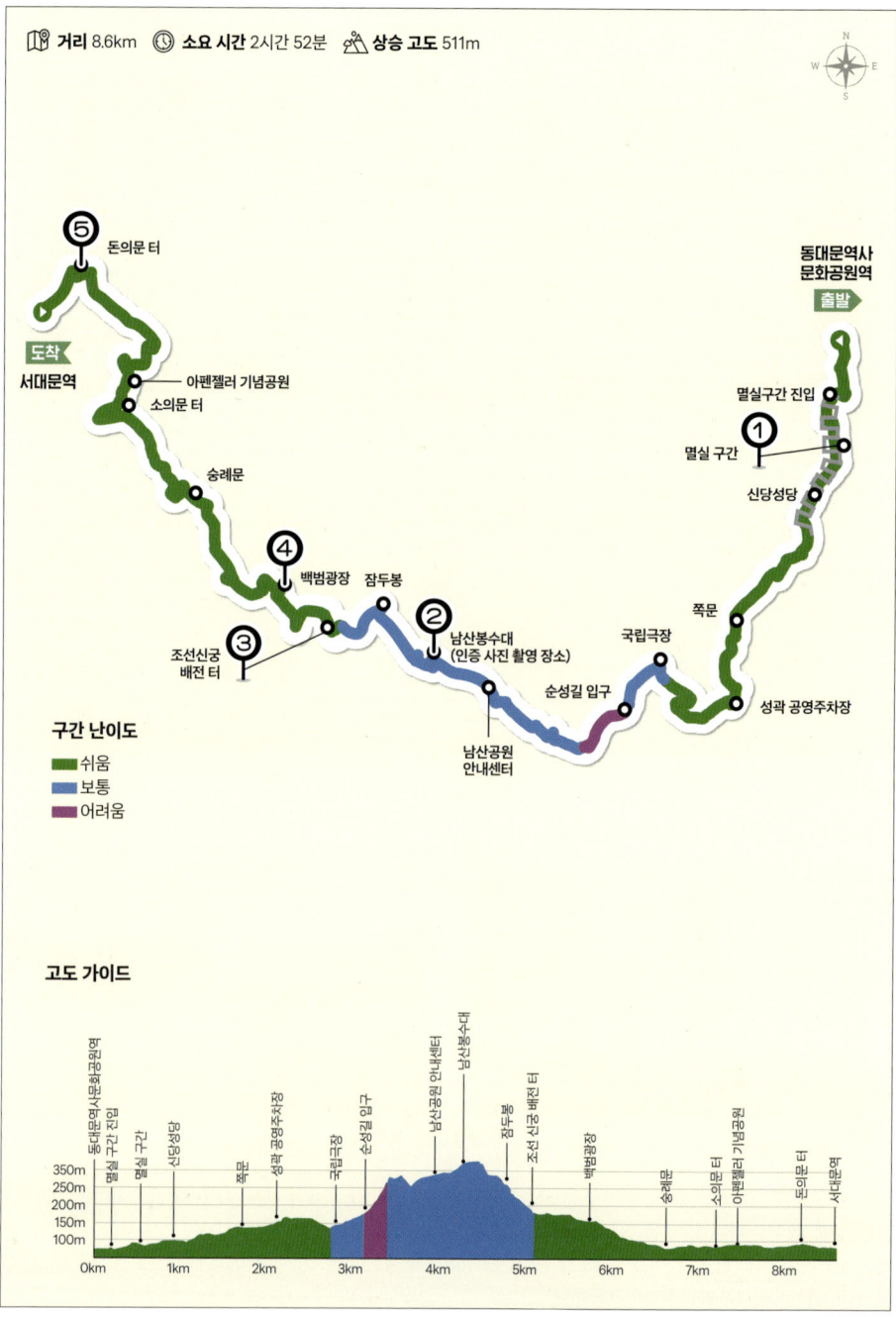

MAIN SPOT

④ 백범광장

백범광장은 과거 조선신궁 터에 김구 선생의 애국정신을 기리기 위해서 조성된 공간이다. 공원 내에는 대한민국 초대 부통령을 지낸 이시영 선생과 김유신 장군의 기마상도 자리 잡고 있다.

⑤ 돈의문 터

한양도성의 사대문 중 하나인 서대문, 즉 돈의문이 있던 곳이다. 원래는 현재 정동사거리 한복판에 있었으나 일제강점기에 도로 확장을 위해서 철거되었다. 돈의문은 한양도성 건설과 함께 지어졌으나 부침을 거듭하다가 세종 때에 이르러 새롭게 세워졌었다. 아쉽게도 지금은 터만 남았다.

MORE INFO

찾아가기
IN 2·4·5호선 동대문역사문화공원역 3번 출구
OUT 5호선 서대문역 4번 출구

코스 정보
한양도성길 남산 구간은 창의문에서 출발해서 돈의문 터까지 이어지는 약 8.6km 코스다. 남산 일대를 제외하면 성곽과 성문이 없어진 구간이 많아 코스를 따라가는 데 신경을 써야 한다. 복잡한 도심을 통과하는 것은 물론이고 한양도성길 코스 중에서도 거리가 가장 긴 구간이라 체력 안배에도 신경을 써야 한다. 대부분 구간이 평이하지만 국립극장을 지나서부터 능선까지 연결되는 약 700m 구간은 꽤 가파르다.

주변 정보
한양도성 유적전시관 2013~2014년 발굴 조사를 통해 드러난 성벽 유적을 전시하고 있다. 한양도성 유적은 물론이고 조선신궁 배전 터, 일제강점기에 만들어진 방공호의 흔적이 전시되어 있다. 매일 10시, 11시 30분, 14시, 16시에 유적 해설도 진행된다. 반려견은 출입 금지다. ⏰ 09:00~18:00 🏠 중구 회현동1가 100-267 📞 02-779-9870

역사 정보
봉수의 체계 남산봉수대는 전국의 봉수가 집결되었던 중요한 장소다. 낮에는 연기 밤에는 불빛을 이용해서 신호를 주고받았다. 한 곳의 봉수대에는 5개의 봉수가 있는데 평상시에는 1개, 위급 시에는 그 긴급성에 따라서 5개까지 불을 피웠다. 이 봉수 체계는 총 5개의 루트가 존재했는데 1봉수는 함경도에서부터 전달되었고 2봉수는 경상도, 3봉수는 평안도 강계, 4봉수는 평안도 의주, 5봉수는 전라도에서부터 시작되어 남산으로 집결하였다. 총 다섯 곳에 봉수대가 존재했으나 현재는 남산에만 복원되어 있다.

주차 정보
성곽 공영주차장 ⓦ 30분당 1,200원 🏠 중구 동호로17길 201

> 성곽마을길 2

도심 한복판에서 만나는
감성 가득 산책로
남산 둘레길

도심 한복판에 이런 감성 넘치는 길이 있다는 것은 반칙이다. 7km의 충분한 거리도 거리려니와 남산 중턱을 따라 걷는 코스인지라 길모퉁이를 돌 때마다 시시각각 변화하는 풍경은 인생샷 찍기에도 딱 좋다. 벚꽃에서 단풍놀이까지 계절 따라 변화하는 모습도 극적이다. 어떤 계절에 찾아도 좋은 곳이지만 벚꽃놀이 시즌에는 오히려 한적해서 더욱 좋다.

MAIN SPOT

1 석호정

조선 인조 때인 1630년경에 만들어진 유서 깊은 국궁장으로 무과시험이 시행되던 장소다. 대한민국에서 가장 오래된 활터로 알려져 있다. 서울시가 운영하며 시민들에게 전통 활쏘기 체험 프로그램을 운영하고 있다.

2 팔도소나무단지

1995년 광복 50주년을 기념하여 조성된 공간이다. 전국 15개 시도에서 가져온 대표 소나무 80그루가 식재되었다. 특히 2010년 식목일에 심은 충청북도 천연기념물 제103호인 속리산 정이품송의 맏아들 소나무가 유명하다.

COURSE MAP

📍 거리 8.3km   ⏱ 소요 시간 2시간 11분   ⛰ 상승 고도 267m

MORE INFO

찾아가기

IN 남산케이블카.남산산책로 입구 버스정류장. 남산 순환버스 01B 탑승 후 하차.
OUT 남산3호터널 버스정류장

코스 정보

남산둘레길은 7.5km 길이의 순환형 산책로다. 도심 전역에서 진입할 수 있으며 이 책에서는 남산케이블카 하부 승강장에서 시작하는 경로로 안내한다. 북측은 차량 통행이 가능한 포장형 산책로로 되어 있으며 남측으로 접어들면 숲길로 진입해서 남산순환도로와 떨어졌다가 다시 만나기를 반복한다. 특히 북측은 벚나무가 심겨 있어 봄이면 벚꽃놀이 명소로도 유명하다.

주변 정보

남산 오르미 남산3호터널에서 남산케이블카 하부 승강장까지 연결해주는 경사형 엘리베이터. 오전 9시부터 밤 11시까지 무료로 운행되며 탑승 시간은 약 2분 정도다. 명동역 4번 출구에서 도보 10분 거리에 있다.

주차 정보

남산파출소 노상공영주차장 Ⓦ 30분당 1,980원 📍 중구 남산공원길 649

③ 소생물권 서식지

남산은 대부분 지역이 생태 경관 보전지역으로 지정되어 있다. 북측은 서어나무숲, 남측은 소나무군락이 존재한다. 이곳 솔숲은 국가 산림문화자산이기도 하다. 솔숲 안쪽에서는 큰산개구리를 비롯해 도롱뇽과 도롱뇽알을 관찰할 수 있다.

047

한양도성 순성길 3

바위산 능선을 따라 걷는
인왕 구간

우뚝 솟은 바위산 능선을 따라 용이 승천하듯 도성길을 타고 오른다. 인왕산의 존재감에 돌로 만든 철갑이 한 겹 더 둘러졌다. 한양도성 순성길 전체 구간 중에서도 가장 또렷하고 또 장쾌한 구간이다. 북악은 왕의 산이었지만 인왕은 백성과 신하들의 산이었다. 한양도성길 인왕 구간은 자하문 고개에서 종료되지만 곧이어 만나는 백악 구간은 숨돌릴 틈 없이 바로 북악의 능선을 따라 오르게 된다.

MAIN SPOT

① 돈의문박물관마을

인왕산을 찾아가는 길에 만나게 되는 곳이다. 서울형 도시재생사업의 일환으로 조성된 이곳은 조선시대부터 근현대까지 서울의 생활 공간을 그대로 재현해 놓았다. 다양한 전통 체험과 마을 해설 투어 프로그램을 운영 중이다.

❷ 경교장

돈의문박물관마을에서 조금 오르면 만나게 되는 대한민국 임시정부의 마지막 청사 건물이다. 백범 선생은 1949년 안두희의 저격으로 서거할 때까지 3년 7개월간 이곳에서 머물렀다. 강북삼성병원 안쪽에 있다.

❸ 선바위 조망점

한양도성 순성길에서 보이는 이 독특한 바위는 그 형태가 스님이 장삼을 입고 참선을 하는 모습과 닮아서 선禪바위로 불린다. 오랜 세월 무속신앙의 대상이었으며 일제는 남산에 있던 국사당을 이곳으로 옮겼다.

COURSE MAP

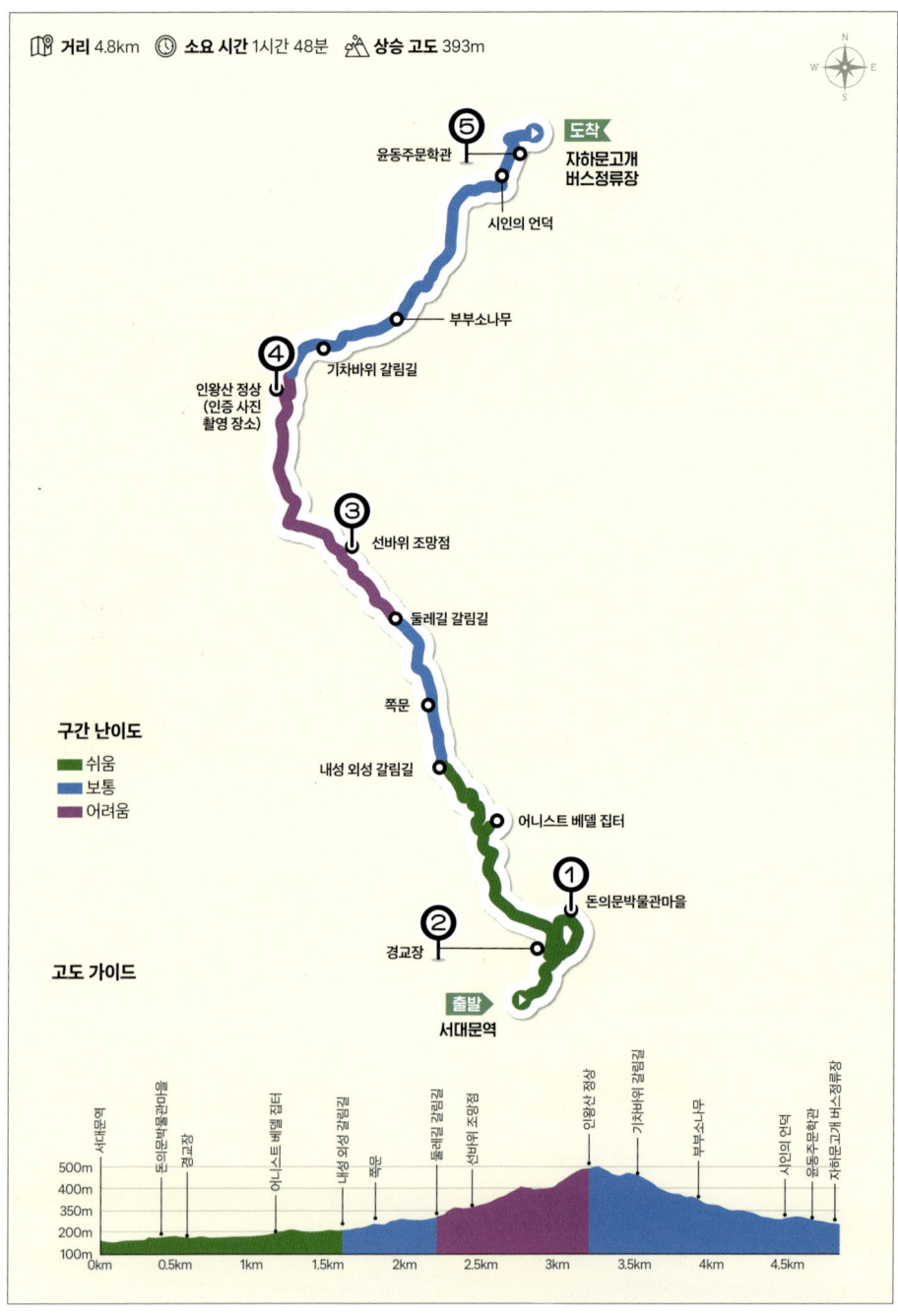

MAIN SPOT

④ 인왕산 정상

해발 338m에 달하는 바위산이다. 풍수상 우백호에 해당한다. 한양도성은 돈의문에서 시작해서 인왕산 능선을 따라서 정상까지 정확하게 이어진다. 정상에서 바로 북악으로 넘어갈 수는 없고 30m 정도 다시 내려와서 정상을 우회해야 한다.

⑤ 윤동주문학관

자하문 고갯마루에 있는 폐쇄되었던 청운수도 가압장과 물탱크를 리모델링하여 2012년 조성된 공간이다. 시인 채로 불리는 제1전시실에서는 윤동주의 생애와 작품을 시간순으로 전시하고 있어 인간 윤동주에 대한 이해를 높일 수 있다.

MORE INFO

찾아가기
IN 5호선 서대문역 3번 출구에서 돈의문박물관마을까지 도보 400m 거리.
OUT 자하문고개 버스정류장

코스 정보
한양도성길 인왕 구간은 돈의문 터에서 시작해서 자하문까지 이어지는 4.0km 코스다. 지하철역에서부터 돈의문박물관마을, 경교장을 거치는 구간까지 합하면 실제 걷는 것은 4.8km 정도로 늘어난다. 인왕산으로 들어서면 해발 338m의 정상까지 오르는 코스라서 상승 고도 역시 꽤 나온다.

즐길 거리
돈의문박물관마을 한양도성길을 찾아가는 길목에서 만나게 되는 이곳은 역사 유적과 새롭게 조성된 공간이 흥미롭게 연결되어 있는 특별한 곳이다. 가장 먼저 마을 중앙에 자리한 마을안내소를 들러 탐방 정보를 얻고 시작하는 것이 좋다. 돈의문 역사관에는 멸실된 서대문에 관한 자료들이 전시되어 있으며 마을 전시관에는 경희궁 궁장(담장)의 흔적도 전시되어 있다. 다만 이곳은 활용성에 대한 논란이 있어 현재 서울시가 녹지 공간 조성을 이유로 철거를 예정한 상태다. 실행 일자는 미정이니 사라지기 전에 방문해볼 것을 추천한다. ⓐ 10:00~19:00 ⓐ 종로구 송원길14-3 ⓐ 02-739-6994

경교장 백범 김구 선생이 안두희의 총탄에 맞아 서거한 역사적인 장소이기도 한 이곳은 서울시에서 공간과 가구, 집기들을 당시에 맞게 최대한 복원하여 일반에게 공개하였다. 현재 서울역사박물관에서 분관으로 운영하고 있으며 관람은 무료다. 평일 15:00, 주말 11:00에 전시 해설을 들을 수 있으니 서울시 공공예약시스템을 통해서 예약하고 방문해보자. ⓐ 09:00~18:00(월요일 휴무) ⓐ 종로구 새문안로 29 ⓐ 02-735-2038

주차 정보
무계원 공영주차장 창의문 인근. ⓦ 5분당 300원 ⓐ 종로구 창의문로5가길 4

성곽마을길 3

숨어 있는 도심 속
힐링 쉼터 속으로

종로 둘레길 인왕산 구간

숲과 사색 그리고 책을 사랑하는 사람에게 추천하고 싶은 코스다. 본격적인 하이킹보다는 휴식의 공간을 찾아 걷는 마실에 더 가깝다. 특히 한양도성길 인왕 구간을 종주하고 자하문에서 끝마쳤다면 이 경로를 따라 걸어보는 것을 추천한다. 내리막 코스라 편안하게 여정을 마무리할 수 있을 것이다. 초소 책방과 무무대전망대에서 내려다보이는 야경도 근사하다.

MAIN SPOT

❶ 청운문학도서관

청운공원 산책로에 인접한 종로구 최초의 한옥도서관이다. 문학 특성화 도서관으로 시, 수필, 소설 등 다양한 문학작품 위주로 소장하고 있다. 대청마루에 기대어 앉아 책을 읽을 수 있는 매우 특별한 공간이다.

❷ 인왕산 숲속 쉼터

초소 책방 도착 직전 인왕산로에서 약 200m를 산길로 올라가면 만날 수 있는 숲속 공간이다. 과거 경찰 초소였던 인왕3분초를 리모델링하여 시민들의 휴식 공간으로 탄생시켰다. 조용한 사색과 독서를 즐기기에 좋다.

COURSE MAP

🚩 거리 3.6km　⏱ 소요 시간 1시간 54분　⛰ 상승 고도 76m

한양도성 순성길 인왕 구간

출발: 자하문고개 버스정류장
- 윤동주문학관
- 청운문학도서관 갈림길
- ① 청운문학도서관
- ② 인왕산 숲속 쉼터
- 숲속 쉼터 갈림길
- ③ 초소 책방 더숲
- 수성동 계곡 갈림길
- 무무대전망대
- 인왕산 호랑이상
- 황학정
- 종로도서관
- 도착: 경복궁역

구간 난이도
- 🟢 쉬움
- 🟦 보통
- 🟪 어려움

고도 가이드
200m / 150m / 100m / 50m
0km – 0.5km – 1km – 1.5km – 2km – 2.5km – 3km – 3.5km

MORE INFO

찾아가기
IN 자하문고개 버스정류장
OUT 3호선 경복궁역 2번 출구

코스 정보
종로 둘레길 인왕산 구간은 사직단에서 시작해서 윤동주문학관까지 이어지는 3.5km의 코스를 말한다. 코스는 숲길을 따라가는 루트와 인왕산로 옆으로 마련된 인도를 따라가는 두 가지 방법이 있다. 숲길의 경우 이어서 소개할 인왕산 둘레길과 같은 길을 공유하기 때문에 인왕산로를 따라가는 경로로 안내한다. 이렇게 해야 둘레길 주변의 쉼터인 청운도서관, 숲속 쉼터, 초소 책방을 둘러보기에 좋다. 가볍게 걸으며 사색과 독서의 공간도 돌아보는 시간을 누릴 수 있다. 윤동주문학관 쪽에서 출발해야 내리막길을 걷게 된다.

즐길 거리
청운문학도서관 폭포 인왕산 초입 숲속 한가운데 근사한 기와집이 눈에 띈다면 바로 청운문학도서관이다. 본채 옆에 작게 지어진 사랑채 건물과 그 옆에서 쏟아지는 시원한 폭포가 놓치지 말아야 할 포토스폿이다.
🕘 평일 09:00~21:00 주말 19:00까지(월요일 휴무) 📍 종로구 자하문로36길 40 📞 070-4680-4032

인왕산 숲속 쉼터 🕘 10:00~17:00(월요일 휴무) 📍 종로구 청운동 산4-36
초소 책방 더숲 🕘 08:00~22:00 📍 종로구 인왕산로172 📞 02-735-0206 ☕ 아메리카노 4,900원

주차 정보
무계원 공영주차장 💰 5분당 300원 📍 종로구 창의문로5가길 4

③ 초소 책방 더숲
이곳 역시 청와대 경호를 목적으로 설치된 경찰 초소였다. 2018년 인왕산 전면 개방 이후 리모델링하여 재탄생하였다. 카페와 책방이 함께 운영되고 있으며 2층과 옥상에는 전망 데크가 마련되어 주변 풍광을 즐길 수 있다.

성곽마을길 4

하늘다리 건너면 만나게 되는 아름다운 숲길
인왕산 둘레길

인왕산 둘레길은 두 얼굴을 갖고 있는 야누스와 같다. 인왕산 자락을 한 바퀴 도는 순환형 코스지만 과거 한양도성 안쪽 내성 구간과 바깥쪽 외성 구간은 그 결이 완전히 다르다. 약 2.5km에 달하는 내성 구간은 도심 속 산책로라는 단어가 어울릴 만한 아기자기한 코스지만 자하문을 지나 성 밖으로 나가면 오지에 온 것 같은 적막하고 터프한 코스와 마주하게 된다.

MAIN SPOT

① 무악재 하늘다리

둘레길이 시작되는 지점에 놓인 무악재 하늘다리는 안산과 인왕산을 연결해주는 고마운 다리다. 안산과 인왕산이 2017년에 하늘다리 준공으로 45년 만에 연결되었다. 길이 80m에 높이는 22m에 달해서 그 규모나 존재감이 독보적이다.

② 수성동 계곡

인왕산 자락의 풍류 명소이다. 겸재의 장동팔경첩에도 등장하며 다산 정약용과 추사 김정희도 즐겨 찾았다. 길이는 190m로 짧은 계곡이며 비가 올 때는 물소리가 인상적이지만 평소에는 말라 있는 건천이다. 둘레길은 계곡의 최상단을 지나간다.

COURSE MAP

🗺 거리 9.4km ⏱ 소요 시간 3시간 48분 ⛰ 상승 고도 537m

구간 난이도
- 🟩 쉬움
- 🟦 보통
- 🟪 어려움

고도 가이드

MORE INFO

찾아가기
IN·OUT 3호선 독립문역 5번 출구에서 300m 직진 후 좌회전했다가 바로 우측 계단으로 이동.

코스 정보
인왕산 둘레길은 총 8.4km 길이의 순환형 산책로다. 무악재 하늘다리를 시점으로 보고 왼쪽으로 진행한다. 상승 고도가 537m에 달하는 만큼 쉽지 않은 코스다. 둘레길은 내성과 외성 구간으로 나눌 수 있는데 내성 구간은 한양도성길과 교차하는 유아숲체험장에서 자문문 인근의 윤동주문학관까지 2.5km 거리가 된다. 이 구간은 볼거리도 다양하고 산책로 정비도 잘 되어 있으나 외성 구간 코스는 난이도도 높아지고 둘레길의 연결 상태도 그다지 매끄럽지 못하다.

주변 정보

용천약수 홍지문을 지나 남쪽으로 걷다 보면 인왕산 중턱에 있는 용천수와 마주하게 된다. 용천수湧泉水라는 단어는 바위를 뚫고 나온 물을 뜻하는데 이곳은 아홉 마리의 용이 승천하면서 흘린 눈물이 약수가 되어 용천수라 부른다. 바위산에서 흔치 않은 신성한 물로 여겨졌던 곳이다.

주차 정보
대한민국 임시정부기념관 주차장 ⓦ 30분당 900원 📍 서대문구 현저동 101-396

③ 이빨바위
돌산인 인왕산에는 독특한 모양의 바위들이 많다. 순성길에 선바위가 있다면 둘레길에는 이빨바위가 있다. 세 개 이상의 가지런한 치아 형태가 선명해서 직관적으로 붙여진 이름이다. 가온다리와 윤동주문학관 중간 지점에 있다.

한양도성 순성길 4

북쪽을 지키는 현무를 걷다
백악 구간

MAIN SPOT

① 창의문

백악 구간은 한양도성 순성길의 하이라이트다. 창의문에서부터 시작되는 백악 능선은 바위산의 명성에 걸맞게 어렵기가 '악' 소리가 날 정도다. 한양도성 순성길에서 가장 난이도가 높은 구간이다. 칼날 같은 능선을 따라 고된 코스를 오르다 보면 어느새 남산이 정면으로 마주 보이는 정중앙에 도달할 것이다. 한양도성 순성길의 마지막 백악 구간을 제대로 누려보자.

한양도성의 북쪽 소문이다. 사소문 중에서 유일하게 조선시대의 문루가 그대로 남아 있다. 천장에는 왕실을 상징하는 봉황이 그려져 있다. 자하문이라고도 불리는데 주변의 경관이 개경의 명승지 자하동과 비슷하다고 해서 붙여진 별칭이다.

❷ 청운대

백악마루 아래쪽 능선에서 만나는 조망 명소다. 해발 293m의 높이로 남산과 직선으로 정확히 마주 볼 수 있어 신기하다. 또한 경복궁 경내가 훤히 내려다보이는 것은 물론 광화문광장까지 한눈에 담긴다.

❸ 곡장

곡장이란 성을 효과적으로 방어하기 위해서 성벽의 일부 부분을 바깥쪽으로 길게 돌출시킨 곳이다. 한양도성 순성길에서는 인왕 구간과 백악 구간 두 군데에서 볼 수 있다. 북한산 능선이 한눈에 들어온다.

COURSE MAP

📍 거리 5.7km　🕐 소요 시간 2시간 13분　⛰ 상승 고도 349m

구간 난이도
- 🟢 쉬움
- 🔵 보통
- 🟣 어려움

MAIN SPOT

④ 숙정문

한양의 사대문 중에 북쪽에 있는 대문이다. 사대문 중에서 유일하게 좌우 성벽이 연결된 형태로 존재한다. 조선시대에는 풍수적인 이유로 폐쇄되었던 곳이지만 1976년 성곽 복원 사업으로 가장 먼저 복원되었다.

⑤ 옛 시장 공관

한양도성 혜화동 전시안내센터로 사용되고 있는 이곳은 1941년 지어진 목조 주택으로 일제강점기의 건축양식을 보여준다. 해방 직후 대법원장 공관으로 사용되다가 1981년부터 2013년까지 33년간 시장 공관으로 사용되었다.

MORE INFO

찾아가기
IN 자하문고개 버스정류장
OUT 4호선 한성대입구역 5번 출구

코스 정보
한양도성길 백악 구간은 창의문에서 시작해서 혜화문까지 이어지는 4.7km 코스다. 원래는 출발지에서부터 바로 능선으로 진입해서 해발 342m의 백악마루까지 급경사 구간을 통과하게 된다. 이 책에서는 백악마루를 우회해서 청운대로 오르는 코스를 소개한다. 창의문을 통과해서 북석동 길을 따라 오르다가 1번 출입문을 통해서 등산로로 진입한다. 이렇게 하면 청운대 안내소를 통해서 북쪽으로 백악 능선을 오르게 된다. 길이 헷갈리는 지점이 있는데 말바위 쉼터에서 내성 쪽으로 진행하지 말고 지나쳐 온 계단을 통해서 외성으로 나가서 성벽을 따라가야만 와룡공원 쪽으로 갈 수 있다.

즐길 거리
한양도성 순성길 완주인증서 한양도성 순성길 네 개의 구간에서 각각 인증 사진을 찍어 인증하면 완주인증서를 발급받을 수 있다. 백악산 정상 백악마루에 올라 표석을 찍어 인증하거나 우회 코스로 가서 청운대 표석을 찍으면 된다. 완주인증서 발급은 종착지 인근의 한양도성 혜화동 전시안내센터에서 가능하며 발급 시간은 오전 10시에서 오후 5시까지다. 월요일은 휴무다.

지명 유래
말바위 말을 닮은 생김새 때문이 아니라 백악 능선을 오르던 양반들이 이곳에 말을 매어놓고 풍류를 즐겼기에 붙여진 명칭이라 전해진다. 또는 백악산 끝자락 말석에 있어서 말바위라는 설도 있다. 또 한 가지는 동쪽에서 반대로 오르면 이곳에서부터 경사가 가팔라지기 때문에 말바위라는 이야기도 있다. 사실 말바위는 보는 각도에 따라서 말보다는 오히려 거북을 닮았다.

주차 정보
무계원 공영주차장 창의문 인근. 5분당 300원 종로구 창의문로5가길 4

성곽마을길 5

백석과 동천이 어우러지는 무릉도원
백사실 계곡 코스

북악산 북쪽 골짜기에는 도롱뇽과 같은 멸종위기종이 서식하고 있는 청정 계곡이 숨어 있다. 예로부터 백석동천(白石洞天)이라 불리던 이곳은 조선시대 유학자들이 풍류를 즐기던 별서였으며 신선이 거처하는 영험한 공간이었다. 서울 한복판에 존재하는 신비로운 계곡을 따라 오르는 비밀스러운 여정이 시작된다.

MAIN SPOT

① 세검정

홍제천 일대의 경관을 감상하기 위해서 지은 정자다. 세검정洗劍亭이라 명칭은 인조반정 당시 반정군이 광해군의 퇴위를 결의한 뒤 이곳에서 칼을 씻었다고 하여 붙여진 것이다. 실제로 이 지역은 서울의 북방 관문으로서 중요한 요지였다.

② 백석동천 별서 터

조선시대 별서가 있었던 곳이다. 별서는 자연경관이 수려한 곳에 조성한 별장을 의미한다. 건물터와 연못 등의 자취가 남아있으며 인근에 백석동천, 월암 등의 글씨가 새겨진 바위가 있다. 김정희를 비롯한 당시 선비들이 풍류를 즐겼던 장소로 유명하다.

COURSE MAP

🚶 거리 6.6km　⏱ 소요 시간 2시간 58분　⛰ 상승 고도 317m

구간 난이도
- 🟩 쉬움
- 🟦 보통
- 🟪 어려움

고도 가이드

MORE INFO

찾아가기
IN 세검정교회 버스정류장에서 세검정까지 250m 거리.
OUT 3호선 안국역 1번 출구

코스 정보
백사실 계곡 코스는 세검정에서 시작해서 백석동천을 거쳐 능금마을까지 이어지는 약 1.5km를 말한다. 백사실이 평소 건천에 가까울 정도로 물이 적지만 서울에서 드물게 1급수 생물이 서식하는 공간이다. 탐방 거리가 짧은 탓에 이후 어떻게 코스를 잡는가에 따라 난이도는 천차만별이다. 능금마을에서 자하문으로 내려오는 것이 1.1km로 가장 짧고 북악스카이웨이를 따라 팔각정으로 올라 성북동 쪽으로 내려가는 것이 가장 길게 코스를 잡는 것이다. 이 책에서는 북악4문으로 진입하여 숙정문을 통과해서 삼청공원 쪽으로 하산하는 코스로 안내한다.

주차 정보
무계원 공영주차장 5분당 300원 · 종로구 창의문로5가길 4
부암동주민센터 주차장 무료 · 종로구 부암동 265-21

③ 능금마을
백사실 계곡 상류, 부암동 뒷골 깊숙하게 자리 잡은 마을이다. 조선시대 인조가 창의문 밖 백성들에게 능금나무를 나눠준 것이 시초가 되었다. 능금나무가 한때 20만 주까지 늘어나 '경림금'으로 불리는 서울의 특산품이 되었다.

성곽마을길 6

만해와 법정의
자취를 따라 걷는 길
심우장·길상사 코스

성북동 산책은 단순한 걷기 코스가 아니다. 성북동을 걷는다는 것은 한국의 문인과 예술가들이 남긴 사유의 흔적과 저항정신이 담긴 역사 속을 산책하는 것이다. 북정마을의 좁은 골목길을 찾아다니는 것은 과거의 추억을 따라가는 노스탤지어다. 시간을 되돌려 만난 만해의 저항과 법정의 무소유 정신은 아직도 빛을 발하며 반짝이고 있다.

MAIN SPOT

① 심우장

3.1운동 민족 대표 33인 중 한 분인 시인 만해 한용운의 거처였다. '소를 찾는다'라는 뜻의 심우尋牛는 깨달음에 이르는 10단계를 말하는 불교 용어다. 만해는 남쪽에 있는 조선총독부가 보기 싫어서 북향으로 집을 지었다.

COURSE MAP

📍 거리 4.5km ⏱ 소요 시간 1시간 30분 ⛰ 상승 고도 192m

구간 난이도
- 쉬움
- 보통
- 어려움

고도 가이드

MORE INFO

찾아가기
IN 성북초등학교 버스정류장
OUT 동방문화대학교 버스정류장을 이용하거나 1.2km 거리의 한성대입구역을 이용한다.

코스 정보
북정마을에 있는 심우장을 거쳐 길상사, 수연산방 등을 차례로 둘러보는 코스다. 별도의 둘레길 코스로 정해진 것이 아니라서 주요 스폿을 잘 찾아다녀야 한다. 한양도성길에서 북정마을 암문으로 바로 연결된다. 별도로 출발할 때는 성북역사문화센터를 기점으로 삼으면 된다. 도성을 반대 방향으로 올라서 암문을 통해서 심우장을 먼저 들린다. 이후 복자성직수도회, 길상사, 선잠단지, 수연산방 순으로 돌아서 출발지로 되돌아온다. 숲길로 진입하지는 않지만, 백악산 자락을 따라 제법 오르막 내리막이 있는 코스다.

주변 정보
수연산방 ⏱ 11:40~17:50 📍 성북구 성북로26길 8 ☎ 02-764-1736
심우장 ⏱ 09:00~18:00 📍 성북구 성북로29길 24
길상사 📍 성북구 선잠로5길 68 ☎ 02-3672-5945

주차 정보
성북동길 공영주차장 🅦 5분당 150원 📍 성북구 성북동 230-20

② 길상사 진영각
대원각이라는 고급 요정 자리에 창건된 사찰이다. 노년에 불교에 귀의한 시주자가 법정 스님에게 부지를 기증하여 사찰이 지어졌다. 사찰 가장 상단에 있는 진영각은 법정 스님의 영정과 유품을 모신 장소다.

③ 수연산방
유명 소설가였던 상허 이태준의 가옥이다. 단편소설의 백미로 불리는 《달밤》을 비롯하여 글쓰기 교재인 《문장강화》를 이곳에서 집필하였다. 전형적인 'ㄱ'자 한옥 구조에 아늑한 누마루를 지니고 있으며 현재 전통찻집으로 운영 중이다.

성곽마을길 7

청와대 담벼락을 따라 걷는 길
청와대전망대 코스

청와대전망대 코스는 말 그대로 청와대 상부에 있는 전망대로 오르는 코스다. 이곳에서 바라보는 서울의 풍경은 고도만 좀 낮아졌을 뿐이지 청운대나 백악마루에서 바라보았던 것과 별반 다르지 않다. 그럼에도 사람들이 이 코스를 찾아 나서는 이유는 청와대 개방과 함께 가장 최근에 오픈된 코스이기 때문일 것이다. 금단의 지역을 처음으로 밟아본다는 의미가 더 큰 코스다.

MAIN SPOT

❶ 청와대 사랑채

누구나 이용할 수 있는 청와대 전시 공간이다. 1층에는 여행자들을 위한 도서관과 라운지 공간이 있고 2층에는 기획전시실과 카페가 있다. 통창을 통해서 바라보이는 북악산의 풍광이 아름다운 장소다. 다양한 미디어 아트가 전시되고 있다.

❷ 칠궁

조선 왕의 생모 중 왕비가 아닌 후궁 7명의 신위를 모신 사당이다. 사당 건물은 한 곳에 두 분을 모신 곳도 있어 모두 다섯 채다. 그중 대빈궁은 경종의 어머니이자 숙종의 후궁이었던 희빈 장씨를 기리는 사당이다.

COURSE MAP

거리 6.4km　소요 시간 2시간 23분　상승 고도 284m

구간 난이도
- 쉬움
- 보통
- 어려움

고도 가이드

① 청와대 사랑채
② 칠궁
③ 청와대전망대
대경빌라 D동
백악정
청와대전망대
만세동방
대통문
춘추관
서울도심등산센터
국립현대미술관
자율차 정류장
경복궁역 출발
안국역 도착

MORE INFO

찾아가기
IN 3호선 경복궁역 3번 출구에서 청와대 사랑채까지 900m 거리.
OUT 3호선 안국역 1번 출구

코스 정보
청와대전망대 코스로 알려진 이 둘레길은 2022년 청와대가 전면 개방되면서 일반에게 공개된 숲길이다. 청와대 외곽 담장을 따라서 전망대와 만세동방까지 올랐다가 다시 대통문을 통과해서 반대편으로 내려온다. 올라가는 방법은 칠궁과 춘추관 쪽 두 방향으로 오를 수 있는데 칠궁 쪽이 더 가파르고 춘추관 쪽이 상대적으로 완만하다. 경복궁역 쪽에서 출발하면 청와대 사랑채와 칠궁을 관람한 뒤에 대경빌라D동 숲길로 진입한다. 다만 대경빌라와 칠궁 쪽에는 진입시간을 제한하기 때문에 시간을 잘 맞춰서 들고 나야한다. 북악1, 2, 3문을 이용하면 청운대 – 만세동방 – 대통문을 거쳐 춘추관이나 칠궁 쪽으로 하산할 수 있다.

대통문 개방 시간 11월~2월 07:00~16:00, 3월, 4월, 9월, 10월 07:00~17:00, 5월~8월 07:00~18:00이다. 이 시간이 지나면 청와대 쪽으로 출입이 불가하니 삼청동 쪽으로 하산해야 한다.

주변 정보
청와대 사랑채 09:00~18:00(화요일 휴무)
종로구 효자로13길 45　02-723-0300

칠궁 09:00~17:30(화요일 휴무) 정기 해설 매일 5회(09:30, 11:00, 13:00, 14:30, 16:00)
종로구 창의문로 12　02-734-7720

청와대A01 자율주행버스 청와대와 경복궁을 순환하는 자율주행 버스다. 요금은 일반버스와 같고 09:30~17:00까지 15~30분 간격으로 평일만 운행된다.

주차 정보
청와대 사랑채 주차장 30분당 1,800원
종로구 효자동 196

③ 청와대전망대
북악산 자락의 숨겨진 명소로 청와대 뒤쪽 숲길을 따라 오르는 내부의 비밀 산책로였다. 청와대의 바로 뒤쪽에서 서울 시내를 내려볼 수 있다. 아래쪽으로는 백악정이라는 정자가 있어 휴식을 취하기 좋으며 대통문까지는 데크로 연결되어 있다.

성곽마을길 8

초병이 오가던 경계로
북악 하늘길

북악 하늘길은 북악산 안쪽을 돌아보는 새로운 둘레길이다. 특히 1·21사태 때 김신조 일당이 침투한 루트가 코스 안에 포함되어 있어 흥미롭다. 숙정문을 지나 말바위까지 도착했다면 이번에는 와룡공원으로 가지 말고 삼청공원으로 내려가 보자. 공원 안쪽에는 근사한 숲속도서관이 기다리고 있다.

MAIN SPOT

① 북악산 하늘전망대

일명 김신조 루트의 하이라이트로 산림 속 고지대에 위치해서 북한산을 파노라마 뷰로 볼 수 있는 인기 전망 포인트다. 해발 300m 지점에 있으며 평창동을 비롯해 보현봉 주변의 봉우리들을 선명하게 바라볼 수 있다.

② 호경암

김신조 루트로 알려진 하늘교->호경암->성북천 발원지 중심에 있다. 이곳에서 김신조 일당과 군경의 대규모 교전이 벌어졌다. 바위에는 50여 발의 총탄 자국이 선명하게 남아 있다.

COURSE MAP

거리 7.6km 소요 시간 3시간 14분 상승 고도 303m

- 북악산 하늘전망대 ①
- 하늘마루
- 숲속 다리
- 북카페
- 다모정
- 남마루
- 서마루
- 호경암 ②
- 성북천 발원지
- 성북구민회관 입구 버스정류장 (출발)
- 한양도성 순성길 백악 구간
- 녹산약수터 갈림길
- 말바위전망대
- 금융연수원
- 삼청공원 숲속도서관 ③
- 서울도심등산관광센터
- 삼청동파출소
- 안국역 (도착)

구간 난이도
- 쉬움 (초록)
- 보통 (파랑)
- 어려움 (자주)

고도 가이드

MORE INFO

찾아가기
IN 성신여대입구역 버스정류장에서 1162번 버스 탑승 후 성북구민회관 입구에서 하차.
OUT 3호선 안국역 1번 출구

코스 정보
북악 하늘길은 총 3개의 코스로 이루어진다. 다모정에서 북카페까지 연결되는 3코스, 북카페에서 성북천 발원지까지 이어지는 2코스, 그리고 성북천 발원지에서 말바위 쉼터까지 이어지는 1코스가 그것이다. 다모정까지는 북악스카이웨이를 따라가다가 다모정에서부터 숲속 다리를 건너 철책 경계선 안쪽으로 들어간다. 북카페부터는 일명 김신조 루트를 따라서 성북천 발원지까지 내려온다. 2코스인 이 구간이 가장 난이도가 높다. 말바위 이후부터는 삼청공원 쪽으로 방향을 틀어서 안국역까지 이동한다.

주변 정보
삼청공원 숲속도서관 10:00~19:00(월요일 휴무) 종로구 북촌로 134-3 02-734-3900

서울도심등산관광센터 내국인과 외국인을 위한 등산 정보를 제공한다. 짐 보관, 장비 대여 서비스도 있으니 활용해보자. 09:00~18:00(화요일 휴무) 종로구 삼청로 88 1533-2158

주차 정보
성북구민회관 주차장
주차장이 협소하다. 무료 성북구 성북로4길 177

③ 삼청공원 숲속도서관

삼청공원의 오래된 매점을 리모델링해서 2013년에 개관한 작은 도서관이다. 자작나무로 꾸며진 실내가 숲과 잘 어우러진다. 2018년 뉴욕타임스에 '사람 중심의 미래 혁신' 사례로 소개된 곳이다. 내부에 무인카페도 운영되고 있다.

01 **장충동? 장충단길!**
족발 골목에서 카페거리로 변신 중

02 **남산돈까스**
남산 자락의 원조 논란?

03 **감고당길**
왕후의 기품이 서려 있는 동네

04 **성북동**
지붕 없는 박물관 그리고 미술관

05 **전통시장**
진짜 로컬과 만나다

LOCAL TOUR

성곽마을 이야기에 귀 기울이다

한양도성주변으로는 성벽에 기대어 살아온 성곽마을들이 자리잡고 있다.
한양도성순성길에서 벗어나 마을 속으로 한걸음 더 깊숙하게 들어가보자.
과거를 지나 현재로 이어지는 로컬의 이야기가 생생하게 들려올 것이다.
박물관에서 기사식당, 카페거리와 전통시장까지 길에서 못다했던 소소한
이야기들을 펼쳐본다.

성곽마을 이야기에 귀 기울이다   NO. 01

족발 골목에서 카페거리로 변신 중
장충동? 장충단길!

임진왜란의 충신들을 기리던 동네 장충동은 서울의 근현대사가 압축된 장소다. 장충(獎忠)이라는 명칭은 충절을 장려한다는 뜻으로 이곳에 임진왜란 충신들을 기리는 장충단이 세워진 것에서 유래되었다. 광희문 성곽마을이던 곳에 동양척식주식회사가 문화 주택단지를 조성하면서 낮은 언덕에 주거지가 형성되었다. 1960~80년대까지 이곳은 평창동, 성북동과 함께 주요 부촌으로 주목받았다. 한양도성이 있던 언덕길 주변으로는 삼성의 이병철 회장 자택이 아직 남아 있다.

족발 골목의 탄생 1950년대 초 한국전쟁 이후 많은 피난민이 서울로 몰려들었고 장충동 일대에도 정착했다. 이곳에서 이북식 족발 요리를 만들어 팔기 시작했던 것이 기원으로 알려져 있다. 인근의 중앙시장에서 돼지고기를 대량으로 구해올 수 있었던 것도 족발 골목 형성의 기반이 되었다. 특히 1963년도에 장충체육관이 문을 열면서 족발 골목은 더 유명해졌다. 1960년대 영업을 시작한 故전숙렬 사장의 뚱뚱이할머니집이 이 골목의 원조다.

카페거리로 변신 중 족발과 노포들로 유명했던 이 지역은 최근 동대입구역에서 약수역으로 내려가는 동호로 주변으로 카페들이 들어서면서 젊은이들의 새로운 놀이터로 변신 중이다. 2023년부터 이면도로 골목 안쪽으로 하나둘씩 늘어나던 카페가 이제는 카페거리가 될 정도로 규모가 커졌다. 2024년도에는 대형 프랜차이즈인 스타벅스에서도 특화 매장을 장충동에 오픈하면서 이 추세에 동참했다. 이곳의 카페들은 대부분 구옥을 개조하여 사용한다. 개방감 있는 공간과 잘 꾸며진 정원이 서울 시내 같지 않은 감성적인 분위기를 낸다는 것이 인기 비결이다.

1 스타벅스 장충라운지R점

장충동 골목길에 단독주택 한 채를 개조해 만든 스타벅스 특화 매장이다. 이 단독주택은 한국의 1세대 건축가 나상진이 1960년대에 지은 곳이다. 분수대와 벽난로 같은 고풍스러운 인테리어로 꾸며져 특별하다. ⏰ 09:00~21:00(금·토 22:00까지) 📍 중구 장충단로4길 25 📞 1522-3232

2 펄시커피

장충동 주택가 한복판에 자리 잡은 카페다. 주택을 개조한 공간으로 따스한 조명과 감각적인 인테리어가 어우러져 편안한 분위기를 자아낸

다. 시그니처 커피인 '시그니처 브라운'이 인기다. 플랫화이트 베이스에 크림이 들어가고 그 위에 다시 에스프레소가 올라가서 진한 풍미를 느낄 수 있다. ⏰ 09:00~19:00 📍 중구 동호로20길 34-57 📞 0507-1322-5302

3 콘드에뻬뻬

정원이 예쁜 공간에서 브런치를 즐길 수 있는 카페이다. 재벌가가 사용했던 단독주택을 개조했다. 브런치 메뉴는 11:00~15:30까지 이용할 수 있다. ⏰ 11:00~21:00 📍 중구 장충단로8길 21 📞 0507-1365-4339

4 하우스 커피 앤 디저트

전통 한옥을 개조해 만든 카페다. 현대적인 감각과 전통이 어우러진 인테리어가 조화롭다. 장충단공원에 인접해 있어 공원 산책 후에 들리기 좋다. 넓은 창과 정원이 있어 여유로운 분위기다. ⏰ 08:00~21:00 📍 중구 동호로 257-8 장충단공원 📞 0507-1363-4221

성곽마을 이야기에 귀 기울이다   NO. 02

남산 자락의 원조 논란?
남산돈까스

돈가스와 돈카츠 돈가스는 크게 한국식 돈가스와 일본식 돈카츠 두 종류로 나뉜다. 모두 서양의 포크커틀릿에서 유래된 음식이지만 양국의 조리법에는 차이가 있다. 등심이나 안심을 두툼하게 손질해서 부드럽게 튀겨내는 일본식과 달리 한국식은 고기를 넓게 펴서 얇게 튀겨낸다. 달짝지근한 소스를 듬뿍 얹어서 부먹으로 나오는 경우가 많다. 한국에서 돈가스는 양식이라기보다는 분식 같으면서도 가정식 같은 독특한 스타일로 발전했다.

기사식당과 돈가스 한국식 돈가스는 남녀노소 누구나 좋아하는 음식이 되었고, 특히 기사식당의 확실한 메뉴 중 하나로 자리 잡았다. 얇지만 넓게 퍼진 돈가스는 시각적으로도 풍성한 느낌을 주는 가성비 좋은 한 끼 식사다. 밥과 반찬, 메인 요리를 넓은 접시에 모두 담아주기 때문에 빠르고 효율적으로 제공될 수 있었던 것도 시간에 쫓기던 기사들에게는 매력적인 포인트였다.

남산으로 모여든 기사식당 1970년~1990년대 서울은 자가용 보급률이 낮았고 택시, 버스 중심의 교통 체계였다. 특히 남산 자락에 있는 서울역, 남대문에는 버스 종점과 택시 대기 장소가 많았다. 이런 까닭에 남산 주변은 택시 기사들이 잠깐 차 대놓고 밥 먹기 좋은 위치였다. 번잡한 도심과 달리 남산 일대는 상대적으로 임대료가 저렴했던 틈새 공간이었다. 더구나 남산은 서울 중심부에 위치해서 순환도로를 따라서 동서남북으로 들고나기에 편리한 사통팔달 교통의 요지였던 것이다.

남산돈까스를 둘러싼 원조 논란 1992년 남산 소파로 103-1번지에 '남산돈까스'가 문을 열며 큰 인기를 끌었다. 그러다 1999년 임대 계약이 이어지지 못해 '남산돈까스'는 소파로 101번지로 이전하게 된다. 그런데 '남산돈까스'를 퇴거시킨 건물주 일가가 2012년 같은 자리에서 '101번지 남산돈까스'를 개업하여 운영하기 시작한다. 이를 알게 된 '남산돈까스'는 2015년 상표등록 신청하였으나 '남산돈까스'라는 이름이 식별력이 부족하다 하여 등록이 거절된다. 하지만 '101번지 남산돈까스'는 2014년에 이미 상표등록을 완료한 상태였다. 다만 'SINCE 1999'라고 간판과 매장에 적시됐던 부분은 혼란을 일으킬 수 있다고 판단되어 현재 삭제되었다. 결론적으로 1992년부터 남산에서 원조 돈가스집을 운영하던'남산돈까스'는 현재 같은 상호로 소파로 23번지에서 영업 중이다. 그리고 소파로 101번지에 있는 '101번지 남산돈까스'는 대표가 바뀌어 그대로 영업 중이다. '남산돈까스'는 이제 노포 느낌이 물씬 풍기고 '101번지 남산돈까스'는 깔끔한 프랜차이즈 느낌이다. 두 곳 모두 기사식당 스타일의 돈가스를 판매하는 것은 여전히 동일하다.

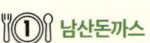

남산돈까스
09:00~22:00　중구 소파로 23　02-777-1976　돈가스 13,000원

101번지 남산돈까스
10:30~22:00　중구 소파로 101　02-777-7929　남산왕돈가스 13,500원

왕후의 기품이 서려 있는 동네

감고당길

인현왕후, 명성황후가 머물렀던 감고당 감고당길은 안국빌딩에서부터 시작해서 정독도서관 입구까지 약 450m의 골목길을 말한다. 덕수궁 돌담길과 함께 서울에서 가장 걷기 좋은 골목길로 손꼽히는 곳이다. 감고당感古堂이라는 이름은 이곳에 숙종의 계비였던 인현왕후의 사저가 있었던 것에서 유래되었다. 현재 그 자리에는 덕성여고가 들어서 있다. 왕후의 사저에 감고당이라는 이름을 붙인 것은 후대의 영조였다. 사저를 찾은 임금은 인현왕후가 머물던 침실을 보면 옛일을 떠올리게 된다 해 감고당이라는 편액을 써서 걸도록 했다. 감고는 옛것의 짙은 색을 말하는데 이는 옛 정취가 느껴지는 공간이라는 뜻을 지난다. 감고당은 이후 명성황후와도 인연을 이어갔다. 황후는 여주에서 부친이 사망하자 8살 때 한양으로 와서 왕비로 간택되기 전까지 감고당에 머물렀다.

고즈넉했던 골목길은 여학생들로 가득했고 왕비들의 우아한 발걸음이 오고 갔을 산책로는 이제 여학생들의 발걸음으로 가득 찼다. 이 짧은 골목길을 사이에 두고 풍문여고, 덕성여고, 덕성여중까지 세 개의 여학교가 자리 잡고 있었기 때문이다. 2017년 풍문여고는 자곡동으로 이전하여 그 자리에는 현재 서울공예박물관이 들어선 것만 달라졌다. 운치 있는 감고당길을 걷다 보면 덕성여중과 여고를 이어주는 낮은 육교 밑을 지나가게 된다. 이 육교 밑에는 노부부가 입맞춤하며 미소 짓는 벽화가 그려져 있다. 위아영(WE ARE YOUNG)으로 알려진 이 그림은 감고당길의 상징과도 같은 존재가 되었다.

정독도서관은 봄이면 벚꽃이 만발하네 감고당길의 끝자락에 있는 정독도서관은 우리나라에서 4번째로 큰 규모의 도서관이다. 과거 이곳은 명문 중의 명문이었던 경기고등학교가 있었던 자리다. 그 이전에는 사육신 중 한 명이었던 성삼문과 개화파였던 김옥균 그리고 독립운동가였던 서재필의 집터가 있었던 유서 깊은 장소다. 경기고 시절의 모습은 지금도 그대로 남아 있다. 정원을 마주 보는 본관 건물의 현관은 지금은 보기 드문 포치 형태를 하고 있고 정원에는 300년 수령의 아름드리나무들과 함께 물레방아가 도는 작은 연못들이 자리 잡고 있다. 벚나무들도 가득해서 봄이 되면 벚꽃 명소로 사람들이 많이 찾는다.

인왕제색도가 바로 이곳에서 그려졌구나 도서관 정원 한가운데에는 분수대와 함께 '겸재인왕제색도비'라고 쓰인 거대한 비석이 우뚝 서 있다. 조선 영조 때의 화가 겸재 정선이 바로 이곳에서 비가 내린 뒤 인왕산의 모습을 바라보며 인왕제색도(국보 216호)를 그린 것을 기념하기 위해 세운 상징물이다. 이 그림을 그릴 당시 정선의 나이는 76세였다. 그는 평생의 벗이었던 이병연이 병에 걸려 위중해지자 그의 집을 방문하여 이 명작을 그린 것으로 알려져 있다. 그는 비 온 뒤 안개가 피어오르는 인상적인 순간을 포착해서 그 느낌을 표현하였다.

지붕 없는 박물관 그리고 미술관
성북동

예술가의 마을 성북동은 이태준, 조지훈, 김광섭, 장욱진, 천경자, 전형필 같은 한국을 대표하는 예술가와 문화인들이 거주했던 동네다. 이는 후대에까지 영향을 끼치며 성북동은 예술가 마을이라는 인식을 심는 계시가 되었다. 이후 드라마를 통해서 '네, 성북동입니다.'라는 말이 부촌을 상징하는 밈으로 알려지면서 성북동은 부촌과 예술이 결합한 독특한 문화 브랜드를 형성하게 되었다. 해방 전후 이들이 성북동에 정착한 것에는 여러 이유가 있다. 북악산 자락에 경치 좋고 조용한 분위기는 창작자들을 매료시키는 가장 큰 장점이었을 것이다. 경제적으로도 당시 성북동은 고급 주거지라기보다는 상대적으로 저렴한 땅값과 임대료로 인하여 예술가들이 입주하기 쉬운 지역이었다.

최초라는 타이틀을 달다 성북동에 있는 간송미술관은 1938년에 완공된 한국 최초의 사립 미술관이다. 서울 3대 사립 미술관(간송, 리움, 호림) 중 하나이며 존재감은 그중에서도 첫손가락에 꼽힌다. 이 박물관의 탄생에는 조선 최고의 부호로 꼽혔던 전형필이 있다. 그는 막대한 재산을 한국의 문화재들을 지켜내는 데 바쳤다. 미술관은 그의 평생에 걸친 수집과 헌신의 결과물로 탄생한 것이다. 주로 고서화 위주의 문화재를 소장하고 있는데 국보 12점, 보물 32점에 달한다. 인근에 있는 성북미술관도 서울 최초라는 타이틀을 물려받았다. 2009년에 개관한 이곳은 서울 자치구 중 최초로 개관한 공립미술관이다. 성북동을 중심으로 한 근현대 미술의 맥을 잇는 기획 전시와 예술 프로젝트가 진행되는 공간이다.

1 간송미술관
기획 전시 기간 외에는 휴관 / 성북구 성북로102-11 / 02-744-7830

3 한국가구박물관
성북구 대사관로 121 / 02-745-0181(일·월·공휴일 휴관) / 입장료 20,000원 / 홈페이지(http://www.kofum.com)에서 사전 예약제로 운영

2 성북미술관
10:00~18:00(월요일 휴관) / 성북구 성북로134 / 02-6925-5011

4 성북선잠박물관
10:00~18:00(월요일 휴무) / 성북구 성북로 96 / 02-744-0025

미술관 옆 박물관 지붕 없는 박물관으로 불리는 성북동에는 독특한 주제의 박물관들이 존재한다. 그중 한국가구박물관은 성북동 언덕에 고즈넉한 풍광 속에 자리 잡은 아름다운 장소다. 이곳은 1993년 정미숙 관장이 수집한 2,500점의 전통 목가구를 공개하며 설립한 사립박물관이다. 전시 공간은 10여 채의 전통 한옥으로 전체적인 생활공간을 이해할 수 있도록 전시가 구성되어 있다. 북악산의 차 경을 빌려와 한옥과 가구가 어우러지는 인상적인 공간이다. 우리옛돌박물관은 돌이라는 소재만으로 기획된 국내 유일의 박물관이다. 석조 문화유산의 수집 보존에 집중한 공간이다. 가구박물관과 마찬가지로 언덕 위에 있어 야외정원과 석물 그리고 주변 경관이 어우러지는 아주 독특한 체험을 제공한다.

5 우리옛돌박물관
10:00~17:00(주말 18:00까지 연장 운영, 월요일 휴무) / 성북구 대사관로13길 66 / 02-986-1001 / 입장료 5,000원

성곽마을 이야기에 귀 기울이다   NO. 05

진짜 로컬을 만나다
전통시장

> **창신동 절벽길**
> **창신시장**
>
> 1969년 청계천이 복개되면서 노점상들이 모여들며 형성된 시장이다. 노점상들을 주로 식품은 물론이고 의류, 원단, 잡화, 봉제 용품들을 취급했던 지라 창신시장은 전통시장이자 소규모 공방, 봉제 골목과 이어지는 구조를 갖는다.

창신동 매운 족발 매운 족발을 유행시킨 전국구 맛집이다. 매운 미니 족발은 화끈한 매운맛과 직화구이의 불맛이 어우러져 중독성이 있다. 족발과 버무려 먹는 주먹밥과 입안을 달래주는 계란찜도 필수다.
10:30~22:00(월요일 휴무) 종로구 종로51길 23 02-3675-9689 미니족발 24,000원

수원성갈비 가성비 좋은 소갈비를 맛볼 수 있는 곳이다. 소생왕갈비가 대표 메뉴다. 고기 질은 말할 것도 없고 불판을 가득 채우는 푸짐함도 좋다. 밑반찬과 서비스로 제공되는 돼지껍질도 맛있다. 행안부 선정 착한 가격 업소다. 10:00~22:00(월요일 휴무) 종로구 창신3길 9 02-745-3576 소생왕갈비 27,000원

서울식당 봉제 골목에 있는 가정식 백반집이다. 모녀가 차려내는 집밥 같은 백반을 메인으로 한다. 제육볶음을 시켜서 공깃밥을 추가하면 아주 든든한 한 끼 식사가 된다. 행안부 선정 착한 가격 업소다. 종로구 창신길 50 02-764-7587 백반 8,000원, 제육볶음 11,000원

대양통닭 옛날 스타일의 전기구이 통닭을 판매한다. 한방통닭이 대표 메뉴다. 크기가 작아 1인 1닭이 가능하다. 황도와 번데기 같은 레트로 안줏거리들도 판매한다.
11:00~24:00(일요일 휴무) 종로구 종로51길 37 02-762-1316 한방통닭 13,000원

한양도성 순성길
인왕산 구간
독립문 영천시장

1960년에 생성된 영천시장은 현재도 200여 개의 점포가 영업 중인 활기 넘치는 장터다. 과거 이곳은 서울 떡 유통의 70%를 공급할 정도로 떡 유통의 중심지였다. 서대문형무소가 있던 시절에는 수감자 가족들이 이곳에서 떡을 사 가서 '옥바라지 시장'으로도 알려졌었다. 현재는 시장 안쪽의 분식집과 꽈배기집이 인기를 이어가고 있다.

달인꽈배기 영천시장 대표 명소다. 도매를 위주로 영업하는 곳이라 점심때쯤이면 문을 닫는다. 방금 나온 제품이 있다면 따뜻할 때 무조건 사자. 설탕을 뿌려 먹는 것도 필수다. ⓐ 07:00~14:30(일요일 휴무) ⓐ 서대문구 통일로 205-3 ⓐ 02-313-5419 ⓦ 꽈배기 3개 1,000원, 찹쌀 도넛 5개 1,000원

갈현동할머니떡볶이 둘째네 시장에 있는 다섯 곳의 분식집 중에서 가장 인기 있는 업소 중 한 곳이다. 대표 메뉴는 떡볶이로 쫄깃한 밀떡의 식감에 칼칼한 국물이 잘 어우러진다. 튀김과 순대도 맛있다. 음식을 포장해서 숲속 쉼터에서 먹는 경우도 많다. ⓐ 09:30~20:00(월요일 휴무) ⓐ 서대문구 영천시장길32 ⓐ 0507-1310-2929 ⓦ 떡볶이 4,000원

석교식당 영천시장의 터줏대감 격인 노포다. 중소벤처기업부 인증 '백년가게'이기도 하다. 순댓국에 부속 고기가 많이 들어 있어 푸짐하다. 전직 대통령이 방문한 적도 있고 청와대에서 배달시켜 먹었다는 전설도 있는 곳이다. ⓐ 11:00~22:00 ⓐ 서대문구 통일로 185 ⓐ 02-363-2803 ⓦ 순댓국 10,000원

LOCAL TRAIL 15

PART 2

성저십리길

성저십리를 유람하다

성저십리城底十里는 한성부 한양도성 주변 10리(약 4km) 이내 지역을 말한다. 성외城外라고도 한다. 이를 둘레로 치면 약 50km가 된다. 이 지역은 도성 밖이었음에도 불구하고 한성부의 관할이었다. 현재 기준으로 본다면 서울 강북 대부분이 성저십리 지역에 해당한다. 서울 외곽에서 한양도성 사이에 있는 도넛 모양의 지역을 뜻한다. 과거 강남 지역은 조선 말기를 기준으로 각각 양천현, 시흥현, 과천현에 속해서 해당하지 않으나 이 책에서는 편의상 모두 성저십리라는 카테고리 안에 포함했다.

이곳에는 동네의 주산이라고 할만한 야산을 중심으로 각 자치구에서 조성한 둘레길이 존재한다. 한양도성길이 산과 산을 이어 걷는 형태였다면 성저십리길에서는 대부분 생소한 야산들이 주인공으로 등장한다. 한양도성길의 사내산四內山보다 존재감은 떨어지지만 대신 이들은 낯섦과 함께 발견의 기쁨을 선사하게 될 것이다.

경조오부도 한양도성 내부의 도심과 성곽 주변 '성저십리' 지역을 표시한 서울의 옛 지도다.

"이제부터 마주할 대상들은 거창한 궁궐과 성벽이 아니라 묘지와 향교, 사찰과 신당 같은 과거의 유산은 물론이고 학교, 도서관 그리고 장터와 무장애길 같은 현재의 모습들이다. 이는 우리가 둘레길 여행을 통해서 로컬을 이해하고 즐길 수 있는 풍요로운 경험을 선사할 것이다."

성저십리길
15코스 트레킹 맵

서울에는 각 자치구에서 조성한 다양한 걷기 코스가 정말 많다. 잘 알려지지 않았지만, 경치와 시설, 이야깃거리는 서울둘레길에 전혀 뒤지지 않는 곳들이다. 산자락을 이어 걷는 종주 형태도 존재하고, 하나의 산을 둘러보는 독립적인 순환형 코스도 있다. 성저십리길에서는 동네 뒷산을 둘러보는 듯한 친숙함과 난생처음 가 보는 곳에 대한 낯섦이 공존할 것이다.

1. 초안산 나들길 p.86
   녹천역-녹천역
2. 오봉근린공원 자락길
   상월곡역-월곡역 p.090
3. 개운산 둘레길 p.092
   안암역-고려대역
4. 천장산 하늘길 p.96
   고려대역-돌곶이역
5. 봉화산 둘레길 p.100
   봉화산역-중랑구청 버스정류장
6. 배봉산 둘레길 p.104
   전농초등학교 버스정류장-휘경2동주민센터 버스정류장
7. 남산 자락숲길 p.106
   상왕십리역-국립극장 버스정류장
8. 응봉산 둘레길 p.108
   응봉역-서울숲역
9. 백련산 초록숲길 p.110
   홍제역-홍제역
10. 안산 자락길 p.114
    독립문역-독립문역
11. 궁산 둘레길 p.116
    양천향교역-마곡나루역
12. 봉제산 둘레길 p.120
    등촌역-등촌역
13. 독산 자락길 p.122
    독산고등학교 버스정류장-호압사 입구 버스정류장
14. 충효길 2·7코스 p.124
    남성역-동작역
15. 서행길 5코스 p.128
    고속터미널역-방배역

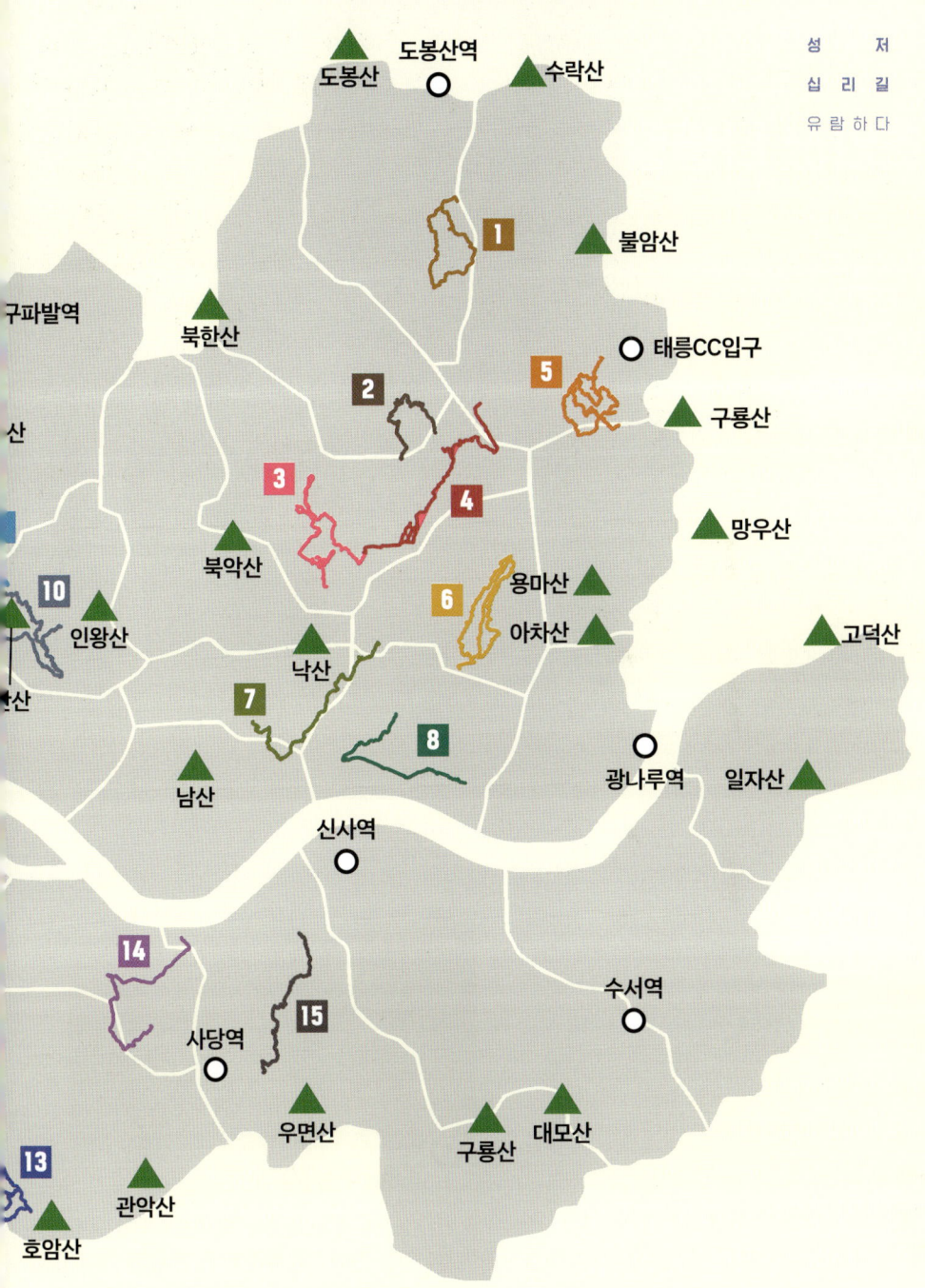

> 성저십리길 1

주인 잃은 석상에는 애잔함이 스며들고
초안산 나들길

MAIN SPOT

① 초안산 정상 헬기장

초안산 나들길은 나지막한 야산을 둘러보는 순환형 둘레길이다. 높이가 100m 남짓하기에 별다른 어려움 없이 한 바퀴 돌아볼 수 있다. 언뜻 평범해 보이는 이곳은 조선시대 분묘 1,000기가 매장되어 있는 공동묘지였다. 특히 내시들의 묘가 많아 초안산을 '내시네 산'이라고 부르기도 했다. 방치된 무덤 주변으로는 석상과 문인상이 쓸쓸하게 주변을 지키고 있다.

초안산은 서울 근교의 야산들이 그렇듯 명확한 정상 표석이 없다. 최고지점은 115m에 불과하고 이마저도 평평한 능선으로 연결되어 있어 동네 사람들은 헬기장 주변을 정상으로 여긴다.

② 문인상

나들길을 걷다 보면 봉분도 보이지 않는 곳에 문인상 하나가 서쪽을 바라보며 우두커니 서 있다. 주인을 잃고 홀로된 듯한 모양새인데 이곳의 묘지들은 주로 궁궐이 있는 서쪽을 바라보고 있다. 이는 죽어서도 왕의 안녕을 기원하기 위함이다.

③ 잣나무 힐링숲

내시 묘역들이 만들어 내던 비애의 감정은 잣나무숲 속에서 절정을 향해 치닫는다. 비석을 잃어버린 이름 모를 무덤들이 짙은 숲속에서 잠들어 있다. 사람들은 숲에서 힐링하며 휴식을 취하지만 이들을 향한 가여움의 감정은 멈추지는 않는다.

COURSE MAP

MAIN SPOT

④ 비석골근린공원

초안산 초입에 자리 잡은 공원이다. 산에 흩어져 있던 석물들을 모아서 이곳에 전시하고 있다. 주로 문인석들이고 망주석과 동자석, 상석, 비석들이 공원 한편에 자리하고 있다.

⑤ 승극철 부부 묘

일반인의 생각과 달리 내시도 결혼하고 가정을 꾸릴 수 있었다. 승극철은 연양군파라는 이름난 내시 문중을 이루었던 집안 후손이다. 내시들은 주로 양자를 들이는 식으로 대를 이어갔다.

MORE INFO

찾아가기
IN 1호선 녹천역 4번 출구에서 150m 거리의 초안산캠핑장 입구에서 등산로 진입.
OUT 1호선 녹천역 4번 출구, 1호선 월계역 2번 출구
쌍문역에서 출발, 월계역으로 도착하기 쌍문역 인근의 초안산 근린공원에서 출발할 수도 있다. 이 코스에는 '초안산 도봉 둘레길'이라는 별도의 이름이 붙어있다. 쌍문역에서 출발하면 초안산 헬기장에서 나들길과 합류한다. 여기까지 거리는 2km 정도 되는데 이렇게 하면 초안산 북측에 있는 내시 묘역과 장인 묘역을 추가로 둘러볼 수 있다는 장점이 있다. 이 코스 역시 산자락이 중간중간 도로로 단절되어 있어 표지판을 보고 경로를 잘 찾아가야 한다. 돌아올 때는 녹천역으로 되돌아가지 말고 승극철 부부 묘에서 월계역 쪽 샛길로 빠져나갈 수도 있다. 약 500m 거리가 되는데 이쪽으로 나가야 식당 가도 나온다. 녹천역 주변으로는 아무것도 없다.

코스 정보
초안산 나들길은 초안산을 한 바퀴 돌아보는 5km 길이의 순환형 코스다. 일반적으로 녹천역에서 출발해 다시 녹천역으로 돌아온다. 산길이 계속 이어지는 것이 아니고 비석골공원에서 한번 아파트단지로 빠져나간다. 단절됐던 숲길은 성원교회 옆쪽으로 들어서면 다시 이어진다. 초안산 체육공원 쪽에서도 숲으로 빠져나가는 길을 잘 찾아야 한다. 북쪽 끝 공중화장실 옆으로 샛문이 있다. 해발 115m에 불과할 정도로 낮은 산이라 산행의 난이도는 없지만 임도가 복잡하게 연결되어 있어 길 찾기에 신경 써야 한다.

주차 정보
초안산 꽃동산 공영주차장 초안산 도봉 둘레길로 진입. ⓦ 5분당 100원 ⓐ 도봉구 창동 441-5

성저십리길 2

월곡정 너럭바위를 지나
숲속도서관으로

오동근린공원 자락길

월곡산에는 두 가지 명물이 있다. 정상에 자리 잡은 거대한 너럭바위와 안쪽에 숨어 있는 숲속도서관이 그것이다. 자락길은 짧지만 두 명소의 존재감 때문에 결코 가볍거나 평범하지 않다. 정상까지 무장애길로 편하게 오르내릴 수 있어 편리하다.

MAIN SPOT

① 월곡정 애기능 터

월곡산 정상에 있는 정자다. 애기능 터도 이곳에 있다. 이곳에서 무엇보다 눈에 띄는 것은 정상부를 이루고 있는 거대한 암석이다. 마당같이 평평하고 넓은 바위를 배경으로 개운산과 천장산이 손에 잡힐 듯이 한눈에 들어온다.

② 오동 숲속도서관

월곡산 정상에서 안쪽으로 들어가면 만나는 아늑하고 조용한 장소다. 멀리서부터 근사한 외형이 눈에 띄는데 2024년 서울시 건축상 최우수상을 수상하였다. 내부에는 음료를 마실 수 있는 카페도 운영되고 있다.

COURSE MAP

거리 3.6km   소요 시간 1시간 29분   상승 고도 84m

① 월곡정 애기능 터
② 오동 숲속도서관
③ 월곡 잔디구장
전망대
무장애길 시점 (월곡초등학교 후문)
월곡초등학교 정문
동덕여대 백주년기념관
출발 상월곡역
도착 월곡역

구간 난이도
- 쉬움
- 보통
- 어려움

고도 가이드

MORE INFO

찾아가기
IN 6호선 상월곡역 1번 출구에서 월곡초등학교 후문까지 도보로 600m 거리.
OUT 6호선 월곡역 3번 출구

코스 정보
해발 119m의 월곡산에는 오동근린공원 자락길이라 부르는 무장애숲길이 조성되어 있다. 월곡초등학교 후문에서 시작해서 월곡정을 거쳐 오동 숲속도서관까지 이어진다. 자락길은 편도 1.32km로 짧지만, 목적지가 되는 숲속도서관의 존재감이 강력하다. 하산 시에는 갔던 길로 되돌아오기보다는 월곡잔디구장을 거쳐서 동덕여대 쪽으로 내려가면 총거리 3.6km의 꽤 흥미로운 코스가 된다. 오르막 구간에서 데크를 이용하기 때문에 정상까지 수월하게 오를 수 있다.

역사 정보
애기능 터 고종의 장남 완친왕의 묘 터다. 그는 1880년 13세의 나이로 세상을 떠났고 대한제국 선포 이후 완친왕에 추봉되었다. 그의 묘는 장자묘, 완왕묘, 애기능이라 불렸다. 도심 개발로 인해 서삼릉 후궁 묘역 쪽으로 이장되었다. 월곡정 앞에 애기능 터 표지석이 있다. 실제 묏자리는 동덕여대 안쪽이었던 것으로 추정된다.

주차 정보
하이파킹 동덕여대 주차장 ⓦ 30분당 2,000원 성북구 화랑로13길 59

③ 월곡잔디구장

월곡산은 산 전체에 근린공원 시설이 빼곡하게 들어차 있다. 특히 남측에는 인조 잔디가 깔린 축구장이 2개나 들어서 있다. 바위산 속에 자리 잡은 녹색 운동장의 풍경이 이채롭다.

성저십리길 3

새로운 운명을 열다
개운산 둘레길

개운산의 기운이 좋은 탓인지 남쪽으로는 고려대, 서쪽으로는 성신여대 그리고 정상에는 체육공원과 성북구의회 건물들이 빼곡하게 들어차 있다. 또한 능선 주변으로는 공원순환도로와 데크길 그리고 숲길이 이리저리 복잡하게 이어져 있다. 개운산은 해발 134m에 불과한 높이지만 북한산을 조망하기에는 이곳만큼 좋은 자리도 없다. 병풍같이 펼쳐진 북한산 능선이 개운산 주위를 포근히 감싸고 있는 형상이다.

MAIN SPOT

① 개운사

개운산 자락이 양쪽으로 품어 안은 자리에 무학대사가 창건한 개운사가 자리 잡고 있다. 도심 속 같지 않은 차분한 분위기가 인상적이다. 본래는 영도사였으나 '운명을 여는 사찰'이란 의미의 개운사로 바뀌었다.

② 보타암

개운사에서 나와 안쪽으로 깊숙이 들어가면 만나는 암자다. 고려시대에 조성된 것으로 추정되는 5m 높이의 마애보살좌상이 있다. 보물 제1828호로 지정되어 있으며 세상을 관조하는 듯한 표정이 독특하다.

③ 개운산공원 운동장

정상 능선에 만들어 놓은 운동장이다. 혹자들은 이곳에서 보이는 북한산이 서울에서 볼 수 있는 최고의 풍경이라 말한다. 인조잔디의 푸르름은 한겨울에도 변함없기에 더욱 인상적인 조망 장소이기도 하다.

COURSE MAP

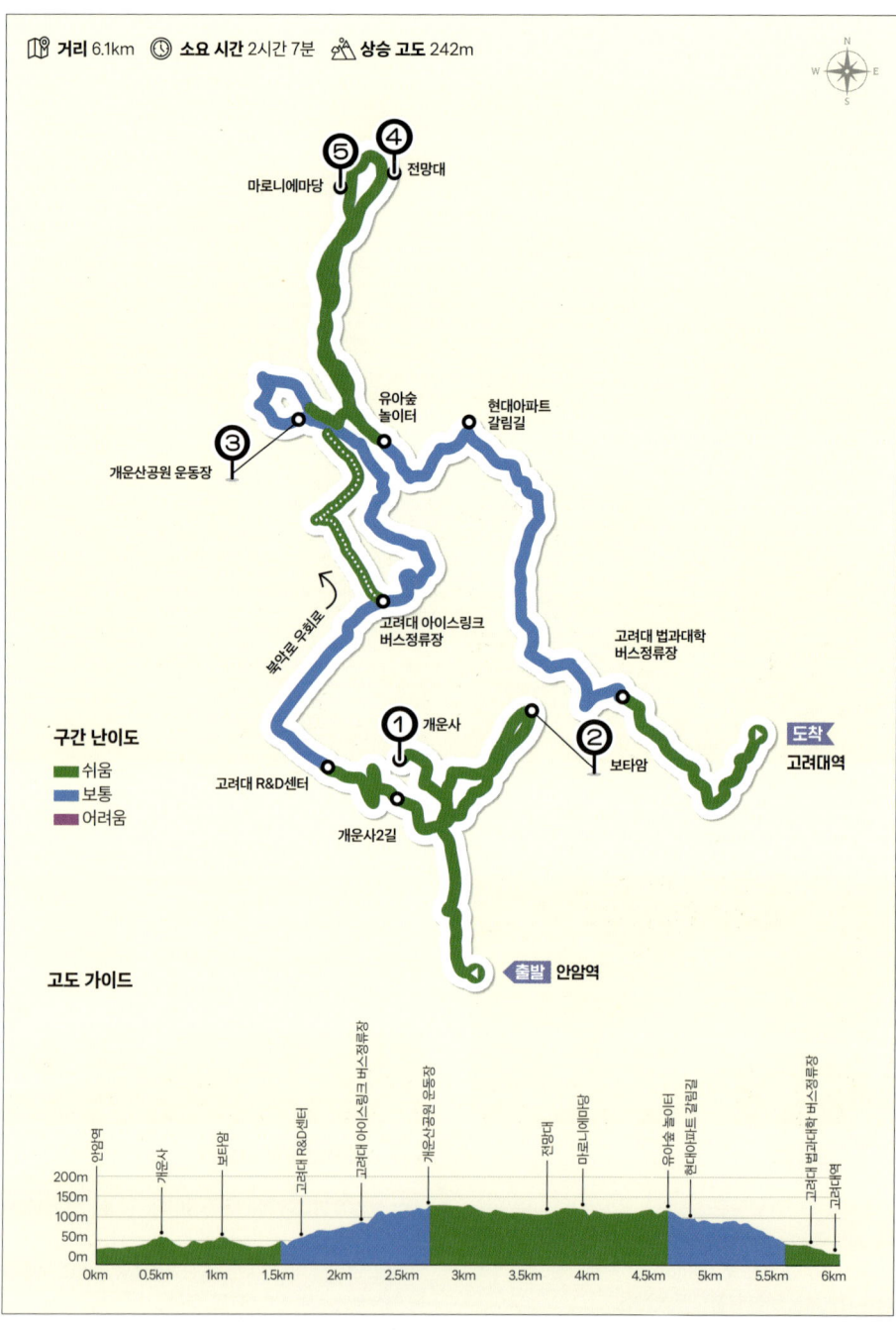

MAIN SPOT

④ 전망대

개운산의 공식 전망대는 북측 끝자락에 있다. 공원 산책로와 나란히 만들어져 있는 데크길의 종점이기도 하다. 이곳에서는 청량리를 비롯한 서울 서쪽 풍경을 조망할 수 있다. 천장산을 비롯해 멀리는 아차산과 용마산까지 시야에 들어온다.

⑤ 마로니에마당

개운산 능선길의 가장 높은 곳에 자리 잡고 있다. 개운산공원 운동장에서 이곳까지 연결되는 공원길은 서울시 선정 숲이 좋은 길로 선정되기도 했다. 공원 외곽을 한 바퀴 도는 황톳길이 조정되어 있어 맨발 걷기에 좋은 장소다.

MORE INFO

찾아가기
IN 6호선 안암역 2번 출구에서 개운사 일주문까지 도보로 320m 거리다.
OUT 6호선 고려대역 2번 출구

코스 정보
개운산 둘레길은 개운산공원 운동장을 중심으로 순환하는 3.4km의 둘레길이지만 이 책에서는 다른 코스로 안내한다. 먼저 안암역에서 출발하여 개운사와 보타암을 둘러보고 고려대 R&D센터 쪽으로 캠퍼스로 진입한다. 아이스링크 출구로 학내에서 벗어난 다음 개운산공원 운동장으로 이동한다. 이후 북쪽에 있는 전망대와 마로니에마당을 둘러본 뒤 동쪽 둘레길을 따라서 고려대역으로 하산하는 경로다. 이때 중간중간 빠져나가는 샛길이 나오지만 이를 무시하고 고려대학교 표지판을 따라서 계속 진행하다 보면 고려대 법대 후문이 나오고 다시 캠퍼스를 횡단해서 내려가면 지하철역에 도착하게 된다.

탐방 TIP 개운산에는 3.4km의 둘레길이 있지만 이는 안내판에서나 존재하는 코스일 뿐이다. 초행자가 이 길을 찾아 걷는다는 것은 거의 불가능에 가깝다. 이유는 개운산이 대부분 고려대학교의 사유지인 까닭에 안내표지가 제대로 설치되어 있지 않다. 따라서 이와 관련된 몇 가지 탐방 팁을 제안한다. ①개운사에서 캠퍼스로 진입하려면 '개운사2길'을 따라서 오르다가 샛길을 이용한다. ②아이스링크 정류장에서는 산속으로 진입하지 말고 '북악로'를 따라서 개운산공원 운동장까지 이동하는 게 쉽다. ③개운산공원 운동장에서 마로니에마당까지는 공원 내 도로를 이용하고 전망대에서 되돌아 나올 때 데크길을 이용한다.

주차 정보
개운사 민영주차장 ⓦ 60분당 3,000원 ⓐ 성북구 개운사길 59

성저십리길 4

하늘이 숨겨놓은 명당을 찾아서
천장산 하늘길

나지막한 높이의 천장산은 하늘이 감춰놓은 보물 같은 산이라는 뜻을 지니고 있다. 풍수적으로 기운이 머물기 좋아 안정적인 자리로 여겨졌다. 이 일대는 조선 왕실의 묘지로 조성되었다. 현재 국립산림과학원이 있는 장소는 홍릉터로써 과거 명성황후의 묘가 있던 자리이며 북동쪽으로는 의릉이 있다. 이 외에도 카이스트, 경희대, 외대, 한예종 같은 명문 대학들이 천장산 자락에 기대어 자리 잡고 있다.

> MAIN SPOT

① 홍릉숲

홍릉숲의 수많은 나무 중에서 가장 오래된 나무는 1892년에 뿌리를 내린 반송이다. 소나무와 유사하지만, 중심 줄기가 없고 아래쪽에서 여러 갈래로 나누어지는 까닭에 언뜻 관목 같은 형태로 자란다. 대신 풍만하게 몸집을 불리기에 색다른 멋이 느껴진다.

② 천장산 하늘길 입구

천장산 하늘길은 국립산림과학원과 한국과학기술원의 담벼락을 따라서 시작된다. 명당이라 불리는 좋은 터에 왕릉에서부터 대학교까지 온갖 시설들이 모여 있다 보니 숲길도 이렇게 간신히 그 틈새를 비집고 들어선 모양새다.

③ 천장산 정상

해발 140m의 천장산 정상도 다른 곳의 야산과 마찬가지로 어중간한 클라이맥스를 맞이한다. 정상에 군사시설이 있기 때문인데 중간에 끊어졌던 데크길이 다시 시작되고 성북구와 동대문구로 갈라지는 코스 시점이 되기도 한다.

COURSE MAP

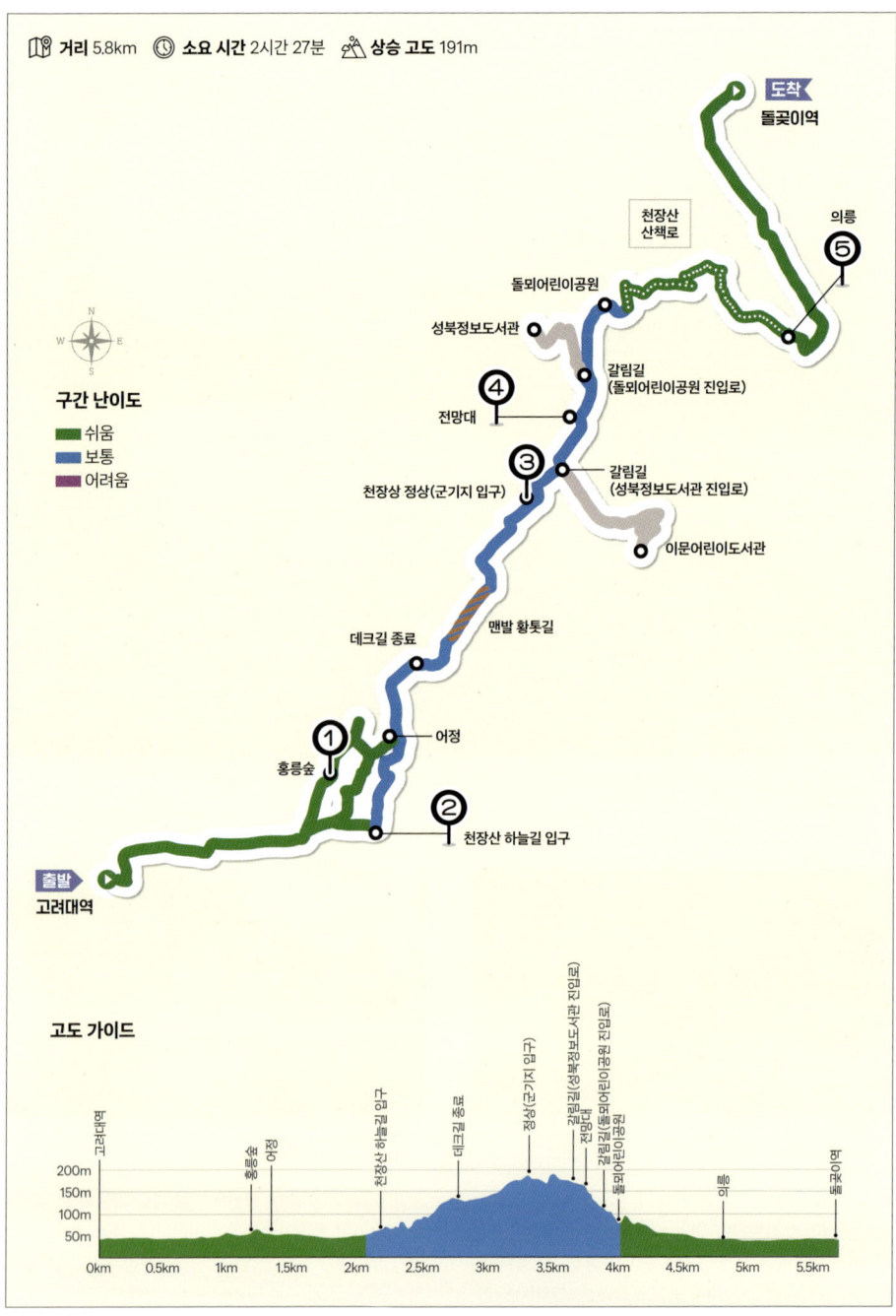

MAIN SPOT

④ 전망대

북측 성북구로 넘어가는 둘레길 전망대에서는 북한산 능선과 함께 도봉산 능선도 뚜렷하게 조망된다. 비봉에서 삼각산까지 다시 자운봉까지 연결되는 풍경은 도심 전망대 중에서 과히 최고라고 손꼽을 만하다.

⑤ 의릉

경종과 그의 부인 선의왕후 어씨의 왕릉이다. 봉분이 나란히 있지 않고 위아래로 배치되어 있어 동원상하릉同原上下陵이라 불린다. 이는 드문 방식으로 선의왕후가 정비가 아닌 계비였기 때문에 이를 고려하여 위계를 둔 것으로 알려져 있다.

MORE INFO

찾아가기
IN 6호선 고려대역 3번 출구에서 홍릉숲이 있는 국립산림과학원 입구까지 630m 거리.
OUT 6호선 돌곶이역 8번 출구

코스 정보
천장산 하늘길은 국립산림과학원 담벼락에서 시작해서 이문어린이도서관까지 연결되는 1.79km의 둘레길을 말한다. 30분 남짓 걸리는 짧은 거리 탓에 천장산을 전체적으로 둘러보기에는 무리가 있다. 정상에서 이문어린이도서관이 아닌 성북구 돌뫼어린이공원 쪽으로 넘어가면 이곳에서부터는 다시 천장산 산책로를 따라서 의릉까지 연결된다. 여기에 홍릉숲(국립산림과학원)을 돌아보는 코스까지 추가하면 길이는 얼추 5.8km까지 늘어난다. 홍릉숲 산책로와 천장산 하늘길, 천장산 산책로까지 3개의 코스를 이어 걷는 셈이다.

주변 정보
의릉 코스 마지막 지점에서 만나는 의릉은 대중이 잘 모르는 조선시대 경종의 무덤이다. 역사 해설과 왕릉 해설 시간에 맞춰서 방문하면 경종의 숨은 스토리를 들을 수 있다. 역사문화관 해설은 11시와 15시 하루 두 번 진행되며 왕릉 현장 해설은 토요일 10시와 14시, 일요일 14시에 진행된다.

🕘 09:00~18:00(월요일 휴무) 📞 02-964-0579 💰 성인 1,000원
홍릉숲(국립산림과학원) 천장산 하늘길 시점에 있는 국립산림과학원 내에 자리한 수목원이다. 국립산림과학원에서 직접 관리하는 다양한 나무와 식물을 무료로 관람하고 숲 해설도 들을 수 있어서 좋다. 다만 평일은 숲 해설(10:30, 13:30, 15:30)을 예약한 경우에만 입장할 수 있으니 '숲나들e' 사이트에서 예약하고 방문하자. 소요 시간은 1시간 30분이다. 주말에는 자유롭게 입장할 수 있다. 🕘 하절기 09:00~18:00 동절기 09:00~17:00(월요일 휴무) 📞 02-961-2777

주차 정보
석관동 공영주차장 의릉 인근. 💰 60분당 1,800원 📍 성북구 석관동 332-165

성저십리길 5

둘레길과 무장애숲길의 완벽한 하모니
봉화산 둘레길

봉화산 둘레길은 산자락을 따라 깔끔하게 원을 그리고 무장애숲길은 160m의 정상까지 거침없이 올라간다. 따로따로 걸어도, 한 번에 이어 걸어도 반나절 코스로 부족함이 없다. 탁 트인 전망의 봉수대와 서낭당, 도당굿, 고구려 보루까지 참으로 많은 사연을 품고 있는 산이다. 예전에는 잘 몰랐던 신내동 봉화산의 재발견이다.

MAIN SPOT

① 봉화산옹기테마공원

1970년대 생긴 화약고가 있던 자리가 2014년에 이전되면서 옹기테마공원이 들어섰다. 과거 신내동 일대에 옹기 제작이 번창했다는 것에서 착안한 것이다.

❷ 문인상

둘레길 남서쪽에는 문인상 한 개가 외롭게 서 있다. 형태상 왕가의 묘지에 세워졌을 것으로 추정되지만 무덤의 흔적조차 찾을 수 없다. 북측 끝자락에 숙성옹주의 묘가 존재하는 것으로 봐서 이 주변은 왕실의 묘지로 이용되었을 것으로 보인다.

❸ 봉화산 보루

동행길 주변으로는 고구려의 것으로 보이는 보루의 흔적이 남아 있다. 보루는 적의 침입에 대비하여 돌이나 흙을 쌓아 만든 것으로 작은 성곽 모양이다. 봉화산 보루는 인근 아차산 보루들과 유사한 형태를 보인다.

COURSE MAP

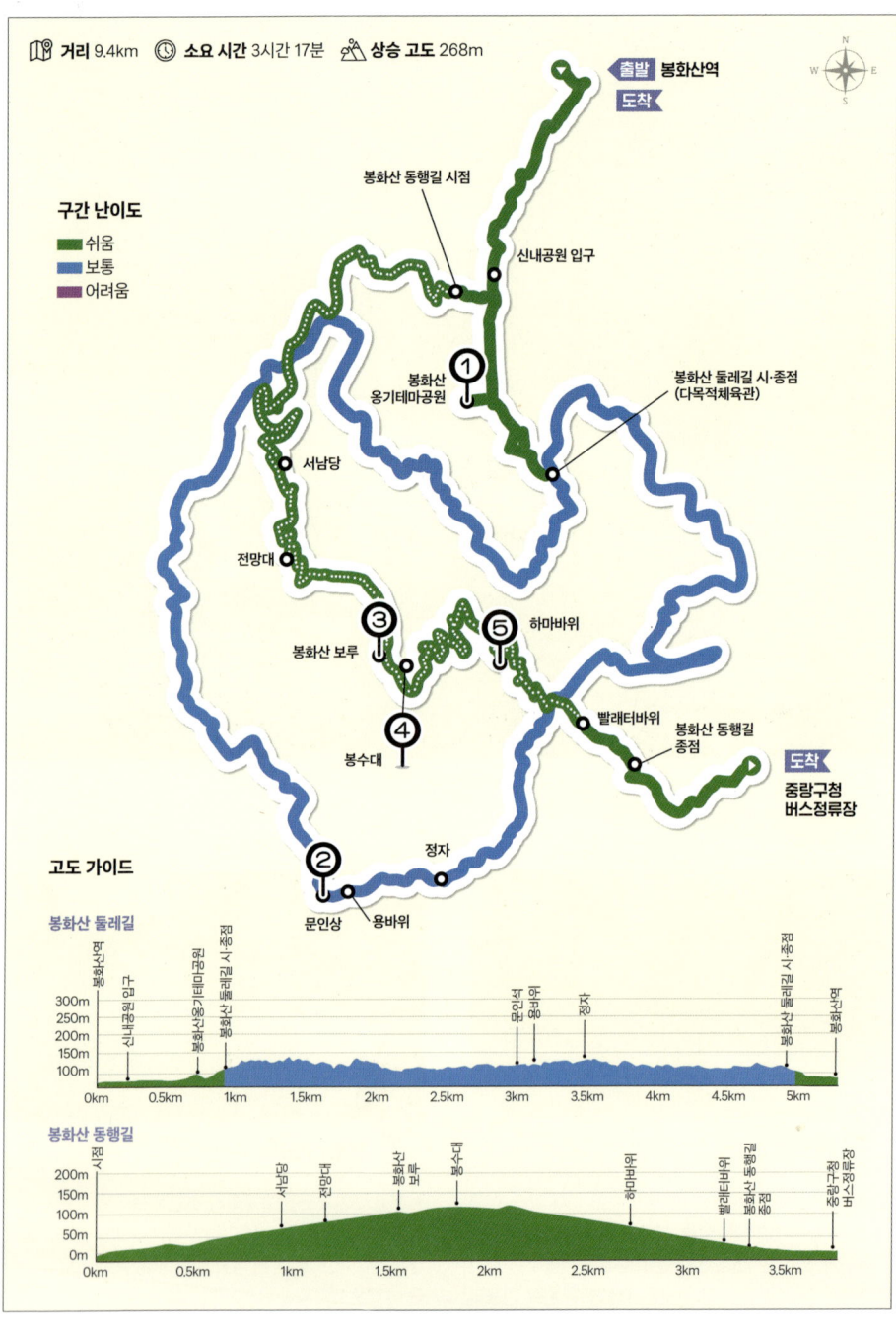

MAIN SPOT

④ 봉수대

이곳의 봉수대는 조선시대 다섯 개의 봉수 중에서 함경도 경흥 쪽에서 내려오는 봉수를 받아서 서울 남산으로 전달하는 역할을 했다. 봉화산은 크게 보면 아차산 줄기에 속하기에 이곳을 아차산 봉수대라 불렀다.

⑤ 하마바위

동행길 주변으로는 하마가 입을 벌리고 있는 모습을 닮은 독특한 바위가 있다. 더 아래쪽으로는 과거 여인들이 이곳에서 빨래하던 장소였던 빨래터바위라는 넓고 평평한 바위도 있다. 이곳은 봉사골로 불렀다.

MORE INFO

찾아가기
IN 6호선 봉화산 4번 출구에서 옹기테마공원까지 570m 거리다.
OUT 중랑구청 정류장

코스 정보
봉화산에는 산자락을 따라서 한 바퀴를 돌아보는 4.2km의 봉화산 둘레길과 남북으로 종주하는 3.5km의 무장애숲길인 봉화산 동행길이 있다. 2개의 코스를 한 번에 이어서 돌아본다면 총길이는 7.7km에 달한다. 봉화산역에서 출발해서 옹기테마공원 북측으로 진입한 다음 옹기가마를 거쳐 다목적 체육관으로 이동하면 둘레길로 진입할 수 있다. 반 시계 방향으로 한 바퀴를 돈 뒤에 동행길 시점으로 이동한다. 봉화산 정상을 거쳐서 남측 봉수대공원 쪽으로 내려와 중랑구청 앞 버스정류장에서 마무리한다. 자연스러운 흙길이 좋다면 둘레길을 걷고, 편안하게 정상으로 오르고 싶다면 동행길을 선택하면 된다.

즐길 거리
옹기 체험 봉화산옹기테마공원에서 다양한 전시와 체험 프로그램을 즐길 수 있다. 이곳에 마련된 옹기가마는 서울시 무형문화재 제30호인 옹기장 배요섭 씨의 조언을 받아 전통 방식대로 복원한 것이다. 또한 옹기체험관에서는 직접 옹기를 빚고 구워볼 수 있는 수업도 진행된다. 다양한 프로그램은 중랑문화재단 사이트에서 신청할 수 있다. ⓣ 9:00~18:00(일·월요일 휴관) ⓐ 서울 중랑구 신내로21길 116 ⓟ 02-3407-6546

주차 정보
봉화산역 공영주차장 ⓦ 5분당 50원 ⓐ 중랑구 신내로 208

성저십리길 6

사방이 탁 트인 천혜의 요새
배봉산 둘레길

순환형 무장애숲길과 숲속도서관에서 커피 한잔 그리고 해맞이광장에서의 압도적인 조망까지 삼박자가 잘 맞아떨어지는 둘레길이다. 특히 해발 100m 밖에 되지 않는 배봉산 정상은 개활지로 탁 트여 있어 360도 조망을 즐길 수 있다. 야간에는 조명이 들어오고 둘레길에서 얼마 걷지 않아도 되기에 가성비 좋은 야경 명소다. 멀지 않은 곳에 전통시장도 있어 더욱 마음에 드는 코스다.

MAIN SPOT

① 배봉산 숲속도서관

2019년에 개관한 숲속도서관이다. 배봉산 둘레길 초입에 있기에 접근성이 좋다. 자연 친화적인 설계와 원목을 사용한 건축으로 친환경적인 분위기의 도서관이다. 내부에 북카페도 있어 독서와 휴식을 즐기기에 좋다.

② 영우원 터

둘레길 서측에는 과거 이곳에 정조왕의 아버지 사도세자의 묘인 영우원이 있었다는 표지석이 놓여 있다. 정확하게는 아래쪽 삼육대학교 병원 자리이다. 이후 정조는 경기도 화성 현륭원으로 아버지 묘를 이장하였다.

COURSE MAP

거리 5.7km 소요 시간 1시간 29분 상승 고도 139m

- 도착: 휘경2동주민센터 버스정류장
- 맨발 황톳길
- 영원터 ②
- 벚나무 쉼터
- 휘경광장
- 신갈나무 쉼터
- 이글루 쉼터
- 정상해맞이광장 ③ (고구려 보루)
- 소나무 쉼터
- 정상 갈림길
- ① 배봉산 숲속도서관
- 출발: 전농초등학교 버스정류장

구간 난이도
- 쉬움
- 보통
- 어려움

고도 가이드

MORE INFO

찾아가기
IN 전농초등학교 버스정류장에서 배봉산 숲속도서관까지 도보로 230m 거리.
OUT 휘경2동주민센터 버스정류장

코스 정보
배봉산에는 산자락을 따라서 한 바퀴 순환하는 배봉산 둘레길이 있다. 길이는 4.5km에 달하는데 전 코스가 무장애로 조성되어 있다. 원점으로 되돌아오는 순환형 코스라 가벼운 산책으로 안성맞춤이다. 산 자체가 길쭉한 모양인데 둘레길과 별도로 능선을 따라서 종주하는 산책로도 만들어져 있다. 둘레길을 걷고 원점으로 되돌아와서 능선까지 종주한다면 5.7km에 달하는 아주 훌륭한 코스가 완성된다. 휘경광장이 있는 능선 끝자락에는 350m 길이의 맨발 황톳길이 별도로 마련되어 있다.

지명 유래
배봉산의 배봉拜峰은 봉우리를 보며 절을 한다는 뜻을 가진다. 이는 이곳에 정조의 아버지, 사도세자의 묘소인 영우원과 순조의 생모였던 수빈 박씨의 묘소가 있었던 것에서 유래되었다. 특히 정조는 살아생전 못한 효도를 한다며 날마다 배봉산을 향해서 배례를 올렸기에 배봉산으로 불렸다는 설이 있다. 이 외에도 왕실 묘소가 있었기에 일반 백성들이 고개를 숙이고 지나갔기 때문에 배봉으로 불렸다는 설도 있다.

배봉산 숲속도서관 평일 09:00~22:00 주말 09:00~18:00(월요일 휴무) 동대문구 전농로16길 97 02-2215-1958

주차 정보
휘경유수지 공영주차장 10분당 500원 동대문구 한천로 326

③ 정상해맞이광장

배봉산 정상은 108m에 불과하지만, 그 위치 탓에 서측으로 용마산과 아차산이 남측으로는 한강 이남이 내려다보이는 탁월한 조망을 가졌다. 이런 까닭에 2015년까지 정상에는 군사시설이 있었다.

성저십리길 7

남산까지 이어지는
남산 자락숲길

새로운 길과 만날 때면 항상 설렌다. 남산 자락숲길은 2024년 12월에 정식 개통한 따끈따끈한 신상 구간이다. 남산자락이란 명칭이 붙었지만, 코스는 무악재부터 시작한다. 복잡한 도심 속을 뚫고 남산으로 진입하는 신규 루트가 열린 것이다. 그것도 무려 럭셔리한 무장애길로 말이다. 시시각각 가까워지는 남산의 풍경을 조망하는 것도 이 길에서 누릴 수 있는 소소한 즐거움이다.

MAIN SPOT

① 대현산 모노레일

아래쪽 신당현대아파트에서 대현산 배수지공원 쪽을 오간다. 서울 최초의 고지대 무인 모노레일이다. 길이는 110m로 과거 가파른 계단이 있던 구간에 이 시설이 설치됨으로써 무학봉에서 남산까지 이어지는 계단 없는 무장애길이 완성되었다.

② 응봉공원 포토존

남산 자락숲길 2코스 응봉근린공원 초입에 설치된 전망대다. 남산 자락숲길을 통틀어서 가장 전망에 좋은 지점이다. 한양도성과 서울타워가 서쪽으로 마주 보인다. 본격적으로 무장애길이 시작되는 지점이기도 하다.

COURSE MAP

거리 5.7km 소요 시간 1시간 43분 상승 고도 235m

- 상왕십리역 출발
- 무학봉 정상
- ① 대현산 모노레일
- 대현산 배수지공원
- 금호어린이집 (길 헷갈리는 곳)
- ② 응봉공원 포토존
- 응봉근린공원 (2구간 시점)
- 맨발 황톳길
- 맨발 황톳길
- ③ 한양도성길 합류 지점
- 국립극장 버스정류장 도착

구간 난이도
- 쉬움
- 보통
- 어려움

고도 가이드

MORE INFO

찾아가기
IN 2호선 상왕십리역 6번 출구에서 첫 번째 골목으로 좌회전 후 무학봉근린공원까지 300m 직진.
OUT 국립극장 버스정류장

코스 정보
남산 자락숲길은 무학봉에서 시작해서 대현산 배수지공원, 응봉공원, 매봉공원을 거쳐 남산 국립극장으로 이어지는 5.52km의 무장애숲길을 말한다. 상왕십리역에서 시작하면 출발지까지 이동 거리가 더해져 실제 코스 길이는 5.7km가 된다. 무학봉에서 응봉공원까지를 1코스로 구분한다. 이 구간은 도심을 이동해야 하는 단절 구간이 많아 몰입감이 떨어진다. 특히 구립금호어린이집 인근에서는 안내표지가 보이지 않아 길이 헷갈리기도 한다. 2, 3코스인 응봉공원에서 종료 지점까지는 단절감 없이 자연스럽게 연결된다.

어린이, 노약자, 반려견과 함께라면 남산 자락숲길 2, 3코스를 걷는 것이 좋다. 이때는 응봉근린공원이 출발지가 된다. 가장 가까운 지하철역은 5호선 신금호역이 되며 도보 이동 시에는 5번 출구, 마을버스 이용 시에는 3번 출구로 나와서 대현산배수지공원 정류장에서 성동 05번 마을버스를 타고 종점에서 하차한다. 대현산배수지공원에 주차장이 있으나 주차 대수가 5면(경차 2면 포함)에 불과하다. 만차 시 인근 금호초등학교 공영주차장(₩ 5분당 100원, 📍 성동구 무수막길69)을 이용하면 된다.

주차 정보
도선동 공영주차장 도보 325m 거리. ₩ 5분당 100원 📍 성동구 무학로8길 8

③ 한양도성길 합류 지점
남산 자락숲길은 반얀트리 호텔 주변에서 한양도성 순성길 남산 구간과 합류한다. 바로 내성 쪽으로 진입하게 되는데 이 성벽을 따라서 하산하면 장충체육관을 지나 3호선 동대입구역까지 갈 수 있다.

성저십리길 8

서울의 봄을 알리는 전령
응봉산 둘레길

척박했던 바위산은 4월이 되면 노란색 물감을 풀어놓은 것 같이 변한다. 한강과 맞닿아 있기에 정상에서의 조망은 올라오느라 들인 노력에 비해 훨씬 더 훌륭하다. 정상에서 조망을 즐겼다면 봄으로 물든 응봉산의 모습은 아래쪽 용비교에서 감상한다. 길을 걷다 보면 자연스럽게 서울숲으로 들어서게 되니 이렇게 가성비 좋은 봄맞이 산책 코스도 없다.

MAIN SPOT

① 응봉산 참매상

응봉산 일대는 조선시대 매사냥을 하던 장소였다. 이름도 매 응(鷹)자를 써서 매봉우리라는 뜻을 지니고 있다. 북쪽의 대현산은 큰 매봉, 응봉산은 작은 매봉으로 불리기도 한다. 태조 이성계는 매사냥을 관장하는 응방을 응봉 기슭에 설치하였다.

② 응봉산 정상

응봉산의 고도는 94m에 불과하지만, 한강 변에 있어 뛰어난 조망을 자랑한다. 특히 정상 팔각정 부근은 주간은 물론이고 밤에도 야경이 아름답기로 소문난 데이트 장소이자 출사 포인트다.

COURSE MAP

📍 거리 3.3km　⏱ 소요 시간 1시간 28분　⛰ 상승 고도 130m

구간 난이도
- 🟩 쉬움
- 🟦 보통
- 🟪 어려움

고도 가이드

MORE INFO

찾아가기
IN 경의중앙선 응봉역 1번 출구에서 응봉산 개나리어린이공원까지 도보 530m 거리.
OUT 수인분당선 서울숲역 3번 출구

코스 정보
응봉산은 동측 개나리어린이공원 쪽에서 진입하면 정상까지 400m 거리에 불과하다. 거리가 너무 짧은 탓에 산책 코스를 잡는다면 서울숲까지 연결해서 걷는 게 좋다. 지하철을 이용하면 서측, 버스를 이용하면 북측에서 진입하게 된다. 정상에서는 왔던 길로 되돌아가지 말고 데크길을 따라 계속 직진하면 용비교 쪽으로 내려갈 수 있다. 이후 인도를 따라서 성수대교 북단 교차로를 건너서 서울숲 9번 출구로 진입하면 된다. 응봉에서는 북쪽 대현산을 거쳐서 논골사거리를 지나 대현산 배수지공원 남측으로 진입해서 남산자락숲길과 합류한다. 이 코스는 서울숲에서 출발하기에 서울숲·남산길로도 불린다.

즐길 거리
응봉산 개나리 응봉산은 전체가 암반층으로 이루어져 있어 식물이 살기에 척박하다. 이런 환경에 잘 자라는 개나리가 주종을 이루게 되었다. 매년 개나리 개화 시즌이 되면 팔각정 인근에서 응봉산 개나리 축제가 열린다.

주차 정보
응봉동(평면) 공영주차장 Ⓦ 30분당 600원
🏠 성동구 고산자로 125-18

③ 서울숲 9번 출구

서울숲은 48만m² 규모의 대형 공원이다. 응봉산에서 내려와 용비교를 건너오면 9번 출입구를 통해서 서울숲으로 진입할 수 있다. 이후 공원을 가로질러 거울연못을 지나면 2번 출구를 통해서 빠져나가면 바로 지하철역으로 갈 수 있다.

성저십리길 9

서북 5대산을 걷다
백련산 초록숲길

백련산 초록숲길은 경관 맛집이다. 서북 5대 산으로 꼽히는 만큼 주변에 인왕, 북악, 안산, 북한산과 같은 명산들이 인접해 있다. 능선은 휘어진 활같이 구부러져 있다. 둘레길을 따라 걷다 보면 동서남북으로 자연스럽게 바뀌는 위치에 따라서 360도 전혀 다른 풍경들과 마주할 수 있다. 이런 이유로 전망대와 정자도 많고 이웃하고 있는 북한산과 안산으로 넘어가기도 쉽다.

MAIN SPOT

1 정자

백련산 능선으로 오르는 중간에 정자가 하나 세워져 있다. 오른쪽으로는 인왕산 왼쪽으로는 안산 그리고 그사이 무악재 너머로는 남산이 마주 보인다. 백련산의 위치를 실감 나게 해주는 경관이다.

❷ 백련산전망대

백련산전망대에서는 끊어졌던 산자락 뒤로 북한산 능선이 마주 보인다. 서측의 족두리봉에서 보현봉까지 모습이 선명하게 들어온다. 전망대 아래쪽으로 내려가면 생태다리를 건너 북한산 자락길 쪽으로 넘어갈 수 있다.

❸ 은평정

해발 228m의 백련산 정상 부근에 있는 2층 규모의 정자다. 은평구와 마포는 물론이고 한강 넘어 여의도까지 한 눈에 보이는 조망 명소다.

COURSE MAP

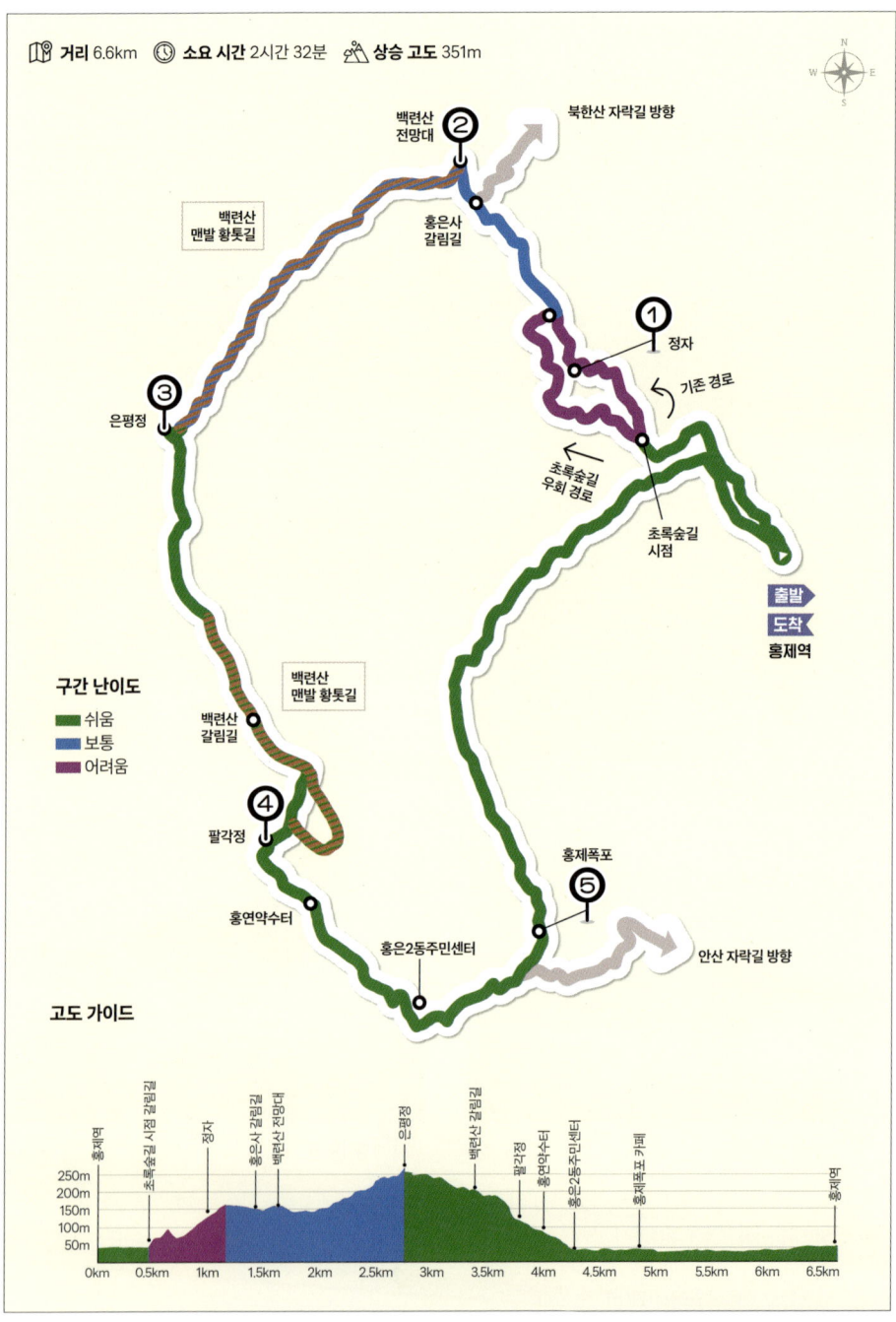

MAIN SPOT

④ 팔각정

백련산 팔각정은 남측에서 진입했을 때 들머리가 된다. 홍제천에서부터 시작한다면 이곳까지는 600m 거리의 오르막길을 걸어 올라와야 한다. 다만 홍제역 3번 출구에서 서대문10번 마을버스를 타면 이곳까지 데려다준다.

⑤ 홍제폭포

서대문 홍제폭포는 2011년에 조성된 인공폭포다. 높이 25m, 폭은 60m에 달한다. 인공폭포라는 것이 믿기지 않을 정도로 자연스럽다. 주변으로는 서대문 관광안내센터, 카페, 도서관 등의 편의시설도 설치되어 있다.

MORE INFO

찾아가기
IN·OUT 3호선 홍제역 1, 4번 출구에서 백련산 초록숲길 입구까지 도보 470m 거리다.

코스 정보
백련산 초록숲길은 5.43km에 달하는 걷기 코스다. 산자락이 아닌 능선을 따라 이동하도록 만들어져 있다. 백련산 진입로 초입에 들어서면 안내표지는 좌측 숲길로 안내하지만 우측 계단을 이용해서 능선으로 오르는 것을 추천한다. 이쪽이 관리 상태도 좋고 주민들이 주로 이용하는 경로인지라 들개나 야생동물과의 접촉도 피할 수 있다. 산의 모양이 알파벳 C자를 닮아있는데 서측에서 위쪽으로 진입해서 아래쪽으로 내려오게 된다. 원점으로 돌아가는 방법은 홍제천 물길을 따라가는 방식을 취한다. 홍제폭포에서 징검다리를 건너면 안산 자락길과 연결되고 북측 홍은사 갈림길에서는 북한산 자락길과 연결된다. 이렇게 옆에 산과 연결해서 걷는 코스를 별도로 서대문 이음길이라 한다.

즐길 거리
백련산 맨발 황톳길 백련산 능선에는 2024년 12월 맨발 황톳길이 조성되었다. 그 길이는 무려 2km에 달하며 단일 황톳길로는 최대 규모를 자랑한다. 거의 능선 전체를 황톳길로 조성했는데 이와 관련해서는 논란의 여지가 있다. 일반적으로 황톳길은 경사도가 완만한 평지 구간에 조성하는 게 일반적이지만 이곳에는 오르막 내리막의 구간이 많다. 또한 푹신한 황톳길이 아니라 단단한 흙길이다. 이와 관련된 판단은 직접 밟아보고 결정하시라.

주차 정보
유진상가, 인왕시장 앞 노상공영주차장 ⓦ 5분당 250원 ⓐ 서대문구 홍제동 294-1

성저십리길 10

도심 무장애숲길의 정석
안산 자락길

도심 둘레길의 정석 같은 코스다. 길이는 7km로 걷기에 적당하며 원점으로 되돌아오는 순환 코스다. 전 구간이 무장애길로 이뤄져 있어 남녀노소 누구나 접근하기 좋다. 어디 그뿐인가. 코스는 완벽하게 산허리를 따라 둘러 가기에 걷는 내내 바라보이는 도심의 풍광도 지루할 틈이 없다. 서대문기념관, 이진아도서관, 독립문 영천시장까지 보고 쉬고 즐길 거리도 많다. 내친김에 인왕산으로 넘어가기에도 수월하니 이보다 더 좋을 수는 없다.

MAIN SPOT

① 안산 자락길전망대

안산 무장애길의 전망대는 그 격이 남다르다. 295m에 달하는 안산의 5부 능선 이상의 높이에 만들어졌기에 조망되는 풍경들이 시원시원하다. 맞은편에 자리 잡은 인왕산의 자태가 북한산을 배경으로 장쾌하게 펼쳐진다.

② 숲속 쉼터

울창한 잣나무 숲길을 따라가다 보면 도착하는 쉼터다. 빼곡하게 들어선 나무들이 병풍을 이루고 탁 트인 공간에서 잠시 휴식을 취한다. 짙은 녹음 속에 머물다 보면 이곳이 도심 한복판인 것조차 잊게 만드는 장소다.

COURSE MAP

📍 거리 8.1km　⏱ 소요 시간 2시간 25분　⛰ 상승 고도 254m

- 맨발 황톳길
- 안산 자락길 전망대2
- 홍제천 인공폭포
- 휠체어 대여소
- ① 안산 자락길 전망대
- 북카페 쉼터
- 출발·도착 독립문역
- ② 숲속 쉼터
- ③ 안산 산스장
- 한성과학고등학교
- 무장애길 시점
- 도로 합류 지점
- 능안정

구간 난이도
- 🟩 쉬움
- 🟦 보통
- 🟪 어려움

고도 가이드

MORE INFO

찾아가기
IN·OUT 3호선 독립문역 5번 출구에서 자락길 초입까지 도보 830m 거리.

코스 정보
안산 자락길은 안산을 한 바퀴 돌아보는 7km의 순환형 코스다. 이 길이 개통될  2013년 당시에는 전국에서 가장 긴 무장애 길이었다. 서대문 전역에서 진입이 가능할 정도로 들머리가 여러 곳이지만 이 책에서는 가장 대표적인 서대문역 5번 출구에서 시작하는 경로로 소개한다. 무장애길의 평균 경사도도 8% 이내로 서울 다른 곳과 비교해도 별 차이가 없다. 다만 무장애길 시점의 고도가 해발 130m에 달하기 때문에 초반 가파른 언덕길을 걸어 올라서야 한다. 동측으로는 인왕산 둘레길, 북쪽으로는 홍제폭포를 거쳐 백련산 둘레길과도 연결된다.

즐길 거리
안산 맨발 황톳길 안산 자락길의 명성은 맨발 황톳길로도 이어지고 있다. 제2전망대를 지나면 공원순환도로 쪽으로 나오게 되는데 이곳에서부터 도로 한편으로 550m 길이의 황톳길이 만들어져 있다. 100m 간격으로 3곳의 세족장, 바람과 비를 막아주는 비닐하우스 지붕 그리고 습기를 유지하는 안개 분사 시설까지 가히 전국 최고 수준의 시설을 자랑한다. 황토족탕에는 마사지를 위해 발목까지 잠기도록 두툼하게 황토를 깔아 놓았다.

주차 정보
대한민국 임시정부기념관 주차장 ⓦ 30분당 900원　📍 서대문구 현저동 101-396

③ 안산 산스장
안산의 운동 시설은 규모도 남다르다. 다양한 기구들이 배치되어 있어 본격적으로 운동할 수 있다. 텃세가 없는 분위기도 외지인에게는 친근하다. 특히 중앙에 매달아 놓은 링에 매달려서 몸을 푸는 어르신들의 모습은 경외감이 들 정도다.

성저십리길 11

소악루에서 서울식물원까지
궁산 둘레길

양천현으로 떠나는 시간 여행이다. 이 작은 산속에 겹겹이 쌓여있는 역사의 흔적들이 경외감을 일으킨다. 행주산성의 중요성을 이해했던 사람이라면 궁산산성의 존재에 놀랄 것이고, 정선의 인왕제색도를 사랑하는 사람이라면 소악루라는 새로운 미학을 발견하는 계기가 될 것이다. 궁산과 서울식물원을 연결하는 새로운 길이 생기면서 역사의 장소에서 현재로 이동하는 흥미진진함이 가미되었다.

MAIN SPOT

① 양천향교

가양동 일대는 고려 충선왕 때 이르러 양천현으로 불렸다. 일제강점기에는 김포시 양동면 가양리에 속했다가 1963년에 이르러 서울로 편입되었다. 이런 연유로 양천향교는 서울 속 유일하게 남은 향교가 되었다.

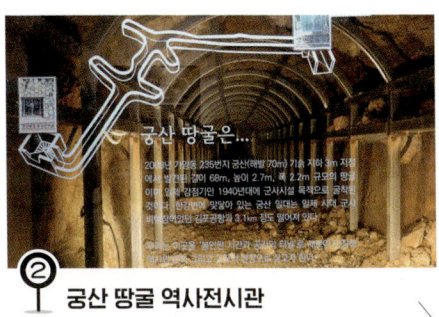

② 궁산 땅굴 역사전시관

1940년 일제 패망기에 군용물자들을 보관하기 위해서 만들어진 땅굴이다. 높이 2.7m, 폭 2.2m, 길이는 약 68m 정도로 추정된다. 일제가 굳이 이곳에 굴을 뚫은 이유는 당시 군사 비행장으로 쓰이던 김포공항과 가까웠던 것에서 추정해볼 수 있다.

③ 겸재정선미술관

양천현령으로 근무했던 정선을 기리기 위해서 개관한 미술관이다. 이곳에는 24점의 원화를 비롯한 영인본들 위주로 전시되어 있다. 또한 정선의 작품이 연대기 순으로 일목요연하게 전시되어 있다.

COURSE MAP

MAIN SPOT

④ 소악루

궁산 중턱에 놓인 누각으로 겸재 정선이 양천현령으로 재임하던 시절 자주 이곳에 올라 그림을 그린 것으로 알려졌다. 정선이 자주 온 이유가 이해될 만큼 눈앞에 펼쳐지는 경치가 훌륭하다. 한강의 풍광은 물론 멀리 남산과 북한산까지 보인다.

⑤ 서울식물원 온실

서울식물원의 중심인 전시 온실은 세계에서 유일한 오목한 접시 모양의 구조로 설계되었다. 중간 기둥이 없어 공간의 제약을 최소로 했다. 계절마다 바뀌는 주제에 따라 독특한 정원 문화를 체험할 기회를 제공한다.

MORE INFO

찾아가기
IN 9호선 양천향교역 2번 출구에서 양천향교까지 도보 430m 거리.
OUT 9호선 마곡나루역 2번 출구에서 서울식물원 온실까지 도보 1km 거리.

코스 정보
코스가 정해져 있는 둘레길이 아니고 궁산 둘레길과 궁산 서울식물원 연결 둘레길 그리고 서울식물원 산책로를 모두 연결해서 걷는 가상의 코스다. 궁산 둘레길 진입 전에는 양천향교, 땅굴전시관, 겸재정선미술관도 미리 둘러보고 움직여야 한다. 다소 복잡해 보이지만 경유 지점들이 좁은 지역에 밀집되어 있고 안내판도 잘 되어 있어 길을 찾아다니기가 어렵지 않다. 총 이동 거리는 6km 정도고 난이도 역시 초급이지만 볼거리들이 많아 코스를 답사하는데 예상보다 많은 시간이 소요된다. 특히 마지막 경유지인 서울식물원 온실의 경우 동절기에는 입장이 오후 4시에 마감되기 때문에 이를 고려해서 일정을 짜는 것이 좋겠다.

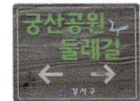

주변 정보
양천향교 ⓣ 10:00~16:00(월요일 휴무) ⓐ 강서구 양천로47나길53 ⓒ 02-2658-9988
궁산 땅굴 역사전시관 ⓣ 10:00~16:00(월요일 휴무) ⓐ 강서구 양천로49길 106 ⓒ 02-2600-6081 ⓦ 무료 입장
겸재정선미술관 ⓣ 10:00~18:00(월요일 휴무) ⓐ 강서구 양천로47길 36 ⓒ 02-2659-2206 ⓦ 성인 1,000원(매월 2, 4주 토요일은 무료 입장)
서울식물원 ⓣ 09:30~18:00(월요일 휴무) ⓐ 강서구 마곡동로 161 ⓒ 02-2104-9716 ⓦ 성인 5,000원(65세 이상 무료 입장)

주차 정보
서울식물원 제2공영주차장 ⓦ 10분당 200원 ⓐ 강서구 양천로291

성저십리길 12

봉제산 둘레길
사람과 자연을 이어주는

봉제산은 작지만 큰 산이다. 높이는 117m로 낮지만, 면적은 강서구에서 가장 넓다. 봉황이 내려앉아 알을 품고 있는 형국이라는 길지답게 강서대학교를 비롯한 수많은 초중고등학교와 공원을 품어 안았다. 실제로 둘레길을 걸으며 체감되는 산의 존재감은 단순한 수치 그 이상이다. 무장애길과 공원들이 유기적으로 연결되어 있어 지루하지 않다.

MAIN SPOT

① 블루포트

봉제산 둘레길은 초반에 강서대학교 교내로 잠시 진입했다가 빠져나간다. 카페는 그 접점에서 잠시 만나게 되는 휴게소인 셈이다. 조용한 분위기도 좋고 하절기에는 야외 테이블도 이용할 수 있다.

COURSE MAP

📍 거리 7.6km　⏱ 소요 시간 2시간 42분　⛰ 상승 고도 382m

구간 난이도
- 🟢 쉬움
- 🔵 보통
- 🟣 어려움

고도 가이드

MORE INFO

찾아가기
IN·OUT 9호선 등촌역 7번, 4번 출구에서 둘레길 시점까지 750m 거리.

코스 정보
봉제산 둘레길은 7km 길이의 순환형 코스다. 등촌동과 화곡동 전역에서 둘레길로 진입할 수 있지만 등촌역에서 출발해서 반시계방향으로 이동하는 경로로 안내한다. 강서대학교, 자연체험학습관으로 들고 나기 때문에 경로를 잘 찾아서 이동해야 한다. 특히 강서대학교에서는 리차드슨관 옆길을 통해서 다시 숲길로 진입한다. 안내도에서 둘레길은 1, 2코스로 나뉘지는데 1코스는 다시 산마루공원에서 경로가 둘로 나뉘진다. 이중 능선을 따라서 정상으로 진입하는 경로를 추천한다. 정상이라고 해봐야 117m에 불과해서 크게 난이도가 있지는 않다. 전체적으로 난이도는 무난하지만 짧은 오르막 내리막길이 수없이 반복된다.

주차 정보
등촌2-1 공영주차장　Ⓦ 5분당 50원　Ⓟ 강서구 등촌로55길(토·일·공휴일은 월정기권 차량만 이용 가능)

② 봉제산 책쉼터

봉제산근린공원을 벗어나면 이번에는 자연체험학습원으로 진입한다. 이곳으로 들고나가는 구간에는 무장애숲길이 있어 편리하다. 2023년 강서구 최초의 책쉼터도 개관하였다. 오각형 모양의 건물 구조가 눈길을 사로잡는다.

③ 봉제산 정상

짧은 오르막의 울창한 소나무 숲길을 지나면 전혀 다른 분위기의 정상에 도착한다. 과거 이곳에서는 백제시대의 봉수대가 있었던 것으로 알려져 있다. 예전 모습은 복원되지 않았고 비석만이 그 위치를 말해 주고 있다.

성저십리길 13

호암산을 둘러보는 네 가지 방법
독산 자락길

둘레길은 산허리를 감싸안듯이 돌아가는 게 원칙이지만 호암산에서는 이렇게 하면 놓치고 지나가는 것이 너무 많다. 그래서 가장 아래에서 시작하는 독산 자락길부터 걸어 올라간다. 이어 늘솔길, 한우물길, 능선길을 순서대로 따라가다 보면 어느새 호암산 일주가 완성될 것이다. 호암산성 안쪽과 잣나무 치유의 숲까지 놓치지 말고 들러보자.

MAIN SPOT

① 금천정

독산배수지 상부공원에 있는 정자다. 1982년도에 조성되어 오랜 시간 주민들의 사랑을 받은 공간이다. 금천구 일대가 한눈에 내려다보이는 조망 명소다. 주변으로 휴게 운동 시설들이 배치되어 있다.

② 칼바위 조망점

한우물길을 따라 오르다 보면 벽산아파트 위쪽으로 바위가 칼날같이 날카롭게 튀어나와 있는 지점을 내려다보게 된다. 쟁기바위, 보습바위라고도 하며 마치 칼자루를 옆으로 뉘어놓은 형상이다.

COURSE MAP

📍 거리 7.4km   ⏱ 소요 시간 2시간 33분   ⛰ 상승 고도 552m

- 출발: 독산고등학교 버스정류장
- 미성동 둘레길 시점
- 정심초등학교 갈림길
- ① 금천정
- 생태다리(무장애길 시점)
- 무장애길 종점
- 미성동 둘레길 종점
- 도착: 호압사 입구 버스정류장
- 호암 늘솔길 시점
- 한우물길 시점
- ② 칼바위 조망점
- 호압사
- 약수
- ③ 한우물 + 석구상

구간 난이도
- 🟩 쉬움
- 🟦 보통
- 🟪 어려움

고도 가이드

MORE INFO

찾아가기
IN 독산고등학교 버스정류장에서 관천교회와 신림건영아파트 사잇길로 진입한다.
OUT 호압사 입구 버스정류장

코스 정보
독산 자락길은 독산고등학교에서 시작해서 호압사까지 이어지는 5km의 둘레길을 말한다. 남산 자락숲길과 같이 경사가 완만하고 주택가와 인접해 있다. 초기 2km 구간은 미성동 둘레길과 겹치니 미성동 안내표지를 따라가면 된다. 단 첫 번째 갈림길에서는 정심초등학교 방향으로 진입해야 한다. 호압사에서는 호암 늘솔길(무장애길)을 따라서 서쪽으로 이동한다. 호암폭포에 도착하면 다시 갈림길과 만나는데 이번에는 정상 방향의 한우물길을 따라서 정상으로 오른다. 이후 반 시계 방향을 그리며 호암능선길을 따라서 호압사로 내려오면 호압산 일주가 마무리된다. 나갈 때는 호압산문 쪽으로 내려가면 된다. 이 짧은 구간을 호압사길이라 부른다.

주변 정보
잣나무 치유의 숲 호압사 서측 산자락에는 잣나무 치유의 숲이 조성되어 있다. 15,000평의 넓은 지역에 잣나무가 빽빽하게 자생하고 있는 보기 드문 군락지다. 늘솔길은 '언제나 솔바람이 부는 길'이라는 뜻으로 잣나무숲을 가로지르는 1km 길이로 만들어진 무장애숲길이다. 이 길에는 서울둘레길 12코스도 지나간다.

호암산성 호암산 정상에 마름모꼴로 빙 둘러쌓은 산성이다. 전체 둘레는 1,547km이며 현재 300m 구간만이 남아 있다. 통일신라 시대에 당나라와 전쟁 시에 한강을 건너 수원으로 넘어가는 육로와 남양만으로 침입하는 해로를 효과적으로 방어, 공격하기 위해서 세워진 요새로 추정된다. 한강 이남의 거점 성곽이었으며 그 규모는 북한산성, 남한산성, 이성산성에 이어 네 번째로 길었다. 코스에서 경유하는 한우물과 석구상은 모두 산성 안쪽에 있다. 칼바위에서 한우물로 올라가는 구간에서 호암산성을 확인할 수 있다.

주차 정보
관악초 주차장 ⓦ 30분당 1,500원 📍 관악구 문성로16다길 135

③ 한우물 + 석구상

호암산 능선 꼭대기, 호암산성 내에 있는 우물이다. 신라시대 때는 군용수로 조선시대에는 풍수용으로 사용되었다는 설이 있다. 우물 주변에 세워진 개 모양의 석구상이 경복궁의 해태와 마주 보고 있으면서, 관악산의 화기를 누르는 역할을 했다는 이야기가 전해진다.

성저십리길 14

서달산 자락의
추모의 공간을 걷다
충효길 2·7코스

이번 둘레길의 콘셉트는 걸어서 사당동 한 바퀴다. 충효길 2코스와 7코스 그리고 현충원 순례길을 뒤섞어 소개하는 코스다. 남성역 주변의 근사한 도심 공원인 종중 묘역에서 시작해 현충원 내부로 들어가 순국선열들을 참배한 뒤 봄이면 벚나무, 가을이면 은행나무들이 선사하는 근사한 풍경을 함께 누릴 수 있다. 사당동 방랑자가 되어 도심 속 경건한 정취와 친근한 로컬 분위기에 들어가 보자.

> **MAIN SPOT**

① 한옥카페R1

2024년 개방된 이정영 묘역에 설치된 주민 휴식 공간이다. 2층 한옥으로 근사하게 지어졌으며 특히 2층에서 바라보이는 풍경이 아름답다. 카페 맞은편에는 수령이 335년 된 은행나무가 있어 가을이면 운치를 더한다.

② 황톳길 세족장

③ 상도통문

충효길 2코스는 까치산 숲길을 벗어나면서 잠시 관악구와 동작구의 경계를 따라 이어진다. 이 구간을 따로 '청림어울림길'이라 부른다. 포장 인도, 비포장 산책로는 물론이고 맨발 황톳길까지 나란히 이어지는 보행자 친화 공간이다.

충효길 7코스에는 현충원으로 진입하는 쪽문이 세 곳 있는데 이를 통문이라 한다. 순례길은 상도통문으로 들어가서 사당통문으로 나온다. 출입 시간은 저녁 6시까지고 반려견은 동반 불가다.

COURSE MAP

MAIN SPOT

④ 호국 지장사

신라시대 도선국사가 창건한 것으로 알려진 천년 고찰이다. 경내에는 지장보살을 위시하여 수많은 석불이 세워져 있어 호국영령들의 극락왕생을 기원한다. 현충일 기간에는 방문객들에게 국수를 제공하는 국수 만발 공양을 진행한다.

⑤ 박정희 대통령 묘역

육영수 여사는 1974년 총격으로 사망한 뒤 국립묘지에 먼저 안장되었고 박정희 대통령은 1979년 피살된 후 부인과 함께 합장되었다. 현충원에는 이 외에도 이승만, 김영삼, 김대중 전 대통령들의 묘소가 안장되어 있다.

MORE INFO

찾아가기
IN 7호선 남성역 1번 출구에서 효간공 묘역 입구까지 400m 거리.
OUT 4호선 동작역 3번 출구, 변형 시 3·7호선 환승 이수역 13번 출구

코스 정보
충효길은 동작구에서 조성한 둘레길이다. 총 7개 코스가 있는데 그 중 7코스인 까치산길 3.6km와 2코스 현충원길 2.6km를 이어 걷는 경로다. 단 사당역이 아닌 남성역에서 출발하는 것으로 변경했다. 이는 최근에 개방된 효간공 묘역 산책로를 걷기 위함이다. 또한 서달산 능선을 따르지 않고 동작역으로 바로 빠지지 않고 현충원 안쪽을 순례하고 사계시장 쪽으로 나와 더욱 알차게 변화를 주었다. 덕분에 사당동 일대를 둘러보며 꽤 재미있는 코스를 걸을 수 있게 되었다. 지도상에 기본 구간과 변형 구간을 모두 표시했으니, 취향에 따라 선택해보자.

역사 정보
함풍군 묘역 까치산 남동 측 자락 2만여 평의 임야는 전주 이씨 덕천군파 함풍군 종친회에서 관리하는 종중 묘소가 자리하고 있다. 실제로는 5,000평의 공간이 묘지로 조성되어 있는데 그중 효간공 이정영은 이조판서, 형조판서 등의 벼슬을 역임하였고 병자호란 당시 세자가 볼모로 청나라로 끌려갈 때 봉행하였던 인물이다. 묘지 주변은 사유지로써 주민들과 단절되어 있던 망자의 공간이었지만 동작구가 종중을 설득하여 2024년 묘역 주변을 정비하고 산책로를 조성하면서 지역 주민들에게 개방되었다. 이는 문화유산 보호단체와 지역 사회 간의 성공적인 협력 모델을 제시하는 사례가 되었다. 특히 중앙에 마련된 한옥카페는 그 협력의 상징적인 공간이라 말할 수 있다.

주차 정보
남성역 공영주차장 ⓦ 30분당 1,500원 ⓟ 동작구 사당로240

성저십리길 15

서리풀 숲속에 숨어 있는 이국적인 둘레길
서행길 5코스

서리풀공원 둘레길로도 불리는 코스다. 복잡한 강남 도심 한복판에 숨어 있는 보석 같은 길이다. 서초구를 북에서 남으로 관통하지만 의외로 단절 구간 없이 매끄럽게 이어진다. 누에다리와 몽마르뜨공원 탁 트인 전망대까지 중간중간 볼거리도 풍부하다. 난이도 또한 너무 쉽지도 너무 어렵지도 않아 적당하다. 둘레길이라는 단어와 찰떡궁합으로 어울리는 코스다.

MAIN SPOT

① 누에다리

서리풀공원과 몽마르뜨공원을 연결하는 누에 모양의 보행 육교다. 누에 모양의 독특한 외관을 하고 있으며 반포대로를 횡단한다. 이런 다리가 놓여진 이유는 과거 이 지역이 잠실리라 불리며 뽕나무밭과 누에치기로 유명했던 사실에 기인한 것이다.

② 몽마르뜨공원

한불 수교 120주년을 맞아 조성된 공원으로 반포 배수지 위에 만들어졌다. 인근 서래마을에 프랑스학교가 위치해서 작은 프랑스촌이 만들어져 있는 것에 기인하였다. 시계탑과 조형물들이 프랑스풍의 정원을 모티브로 꾸며져 있는 것이 특징이다.

COURSE MAP

🚶 거리 4.7km ⏱ 소요 시간 1시간 36분 ⛰ 상승 고도 174m

출발 고속터미널역
서초 행복둘레길 시점
원곡정
① 누에다리
② 몽마르뜨공원
누에상
③ 전망대 (무장애길 종점)
생태다리 (무장애길 시점)
방배숲 환경도서관
숲길 종점
청권사 쉼터
도착 방배역

구간 난이도
■ 쉬움
■ 보통
■ 어려움

고도 가이드

150m / 100m / 50m — 0km ~ 4.5km

MORE INFO

찾아가기
IN 3·7·9호선 고속터미널역 3번 출구로 나와서 보행자 다리 건너 엘리베이터타워 옆으로 진입.
OUT 2호선 방배역 4번 출구

코스 정보
서행길은 서초행복길의 줄임말로 서초구를 돌아보는 총 5개의 코스가 있다. 이 중 5코스는 고속터미널역에서 방배역까지 서초의 중심을 관통하는 4.5km 길이의 산책 코스다. 고속터미널역 3번 출구로 나오자마자 보행교를 건너 길 건너편으로 넘어간다. 엘리베이터 타워를 돌아서 숲길로 진입하면 그곳에서부터는 서행길 안내표지를 따라서 이동하면 된다. 공원과 산책로가 잘 어우러진 밸런스가 좋은 코스다. 평지와 오르막 구간, 산길과 무장애길도 적절하게 배합되어 있어 남녀노소 누구나 즐길 수 있는 반나절 코스로 적합하다.

서행길 5코스 서행공원

즐길 거리
청권사 서행길 5코스는 청권사 쉼터에서 마무리된다. 정자와 운동기구가 설치되어 있는 이 공원 아래쪽으로는 태종의 둘째 아들이자 세종대왕의 형인 효령대군을 모시고 있는 사당이 있다. 청권(淸權)은 권력을 탐하지 않고 스스로 물러난 미덕을 가리킨다. 대군의 묘역과 사당이 있으며 일반들에게도 평일 10:00~16:00에 개방된다.

방배숲 환경도서관 2023년 6월에 개관한 친환경 테마의 공공도서관이다. 5.6m 높이의 벽면 서가와 창문 너머 바라보이는 숲 조망이 인상적인 장소다. 특히 원형 형태의 건물로 건축되어 중앙에 중정이 자리 잡은 것이 특징이다. 중정을 바라보도록 좌석을 원형으로 둥글게 배치하였다. 서고에는 환경과 숲에 대한 서적들을 주로 비치하고 있으며 중정 연주회나 세미나 같은 행사도 빈번하게 개최된다. 🕐 평일 09:00~22:00 주말 09:00~18:00(금요일 휴무) 🏠 서초구 서초대로 160-7 ☎ 02-537-6001

주차 정보
파미에 반포천 주차장 🅿 5분당 440원 🏠 서초구 사평대로 205

---

③ 전망대

서행길 5코스 가장 높은 곳에 있는 전망대다. 별도의 명칭은 없지만 맞은편으로 '요기요' 사옥이 바라보이기에 요기요전망대라는 별칭으로 불리기도 한다. 서초구 일대는 물론이고 우면산 주변이 한눈에 보이는 조망 명소다.

01 숲속 도서관
오래도록 머무르고 싶은 자리

02 궁산에 오르다
겸재 정선이 사랑한

03 홍제동 탐방기
개미마을에서 문화촌까지

04 대학가 맛집 투어
캠퍼스의 낭만을 찾아서

05 전통시장
진짜 로컬과 만나다

06 성저십리의 전설
산동네에 전해지는 흥미로운 이야기

LOCAL STORY 봉화산 도당굿

LOCAL TOUR

로컬에 머물다

성저십리길에서 걷게 되는 둘레길은 각 자치구에서 운영하는 생활형 둘레길이다. 무심히 흘러가는 동네의 일상이 나의 감정과 맞닿은 순간 '여기가 우리 동네였으면 좋겠다'는 생각이 들 만큼 따뜻하고 정겹다. 너무 일찍 둘레길 종점에 닿았다고 아쉬워하지 말자. 아직 여행이 끝나지 않았다. 그곳에서부터는 오히려 당신이 몰랐던 이야기들과 장소들이 가득하다. 나만의 취향이 담긴 새로운 여정을 만들어보자.

로컬에 머물다   NO. 01

오래도록 머무르고 싶은 자리
숲속 도서관

1 오동 숲속도서관

목재파쇄장으로 쓰이던 장소에 만든 책 쉼터다. 이곳은 130평 단층의 아담한 규모로 서울시 건축 대상을 받기도 했다. 지붕의 모양이 근사하다. 산 정상 부근에 있어서 번잡스럽지 않고 아늑한 분위기다. 오동숲 꽁카페라 불리는 북카페도 운영되고 있다. ⏰ 09:00~18:00(월요일 휴무) 📍 성북구 화랑로13가길 110-10
📞 02-6952-1806 ⓦ 아메리카노 3,000원 _오동근린공원 자락길_

2 배봉산 숲속도서관

자연과 조화를 이루는 나무 건물로 총 1만여 권의 장서를 보유하고 있는 160평 규모의 도서관이다. 카페와 공동육아방 등의 부대시설도 있다. 배봉산근린공원 초입에 있어 접근성이 좋다. 평일 09:00~22:00 주말 09:00~18:00(월요일 휴무) 동대문구 전농로16길 97 02-2215-1959 _배봉산 둘레길

4 이진아 기념도서관

개인의 이름을 딴 최초의 공공도서관이다. 이 도서관은 미국 유학 중에 불의의 사고로 목숨을 잃은 25세 이진아 씨를 기리기 위해 그의 아버지 이상철 씨가 건립 비용 50억을 기탁하여 설립되었다. 그는 평소에 책을 좋아하고 지적인 삶을 추구했던 딸을 위해서 이 일을 시작했다고 밝혔다. 2005년 개관 당시 '진아가 하늘에서 이 모습을 보고 미소 지을 것'이라는 짧은 소감을 남겼다. 이곳은 도서관을 넘어서 개인의 슬픔을 사회적 나눔으로 승화시킨 상징적인 장소이기도 하다. 09:00~17:00(월요일 휴무) 서대문구 독립문공원길 80 02-360-8600 _안산 둘레길

3 봉제산 책쉼터

2024년에 강서구 최초의 책쉼터로 오픈했다. 도서관이라는 말 대신 쉼터라는 단어를 쓴 것에서 알 수 있듯이 이곳은 독서와 휴식에 방점을 찍은 공간이다. 오각형 지붕은 봉제산의 봉우리에서 모티브를 따온 것이고 열람실을 2층에 배치해서 채광과 경관을 확보하는 데 우선순위를 두었다. 테이블 곳곳에 꽃과 식물을 배치해서 자연과 함께하는 분위기를 만들었다. 환경과 관련된 도서와 어린이를 위한 동화책들 위주로 소장하고 있다. 09:00~18:00(월요일 휴무) 강서구 초록마을로15길 02-2600-4294 _봉제산 둘레길

5 방배숲환경도서관

2023년 6월에 개관한 친환경 테마의 공공도서관이다. 5.6m 높이의 벽면 서가와 창문 너머 바라보이는 숲 조망이 인상적인 장소다. 특히 원형 형태의 건물로 건축되어 중앙에 중정이 있는 것이 특징이다. 중정을 바라보도록 좌석을 원형으로 둥글게 배치하였다. 서고에는 환경과 숲에 대한 서적들을 주로 비치하고 있으며 중정 연주회와 각종 행사가 자주 개최된다. 내부에는 '보틀라운지'라는 작은 카페도 운영되고 있다. 평일09:00~22:00 주말 09:00~18:00(금요일 휴무) 서초구 서초대로 160-7 02-537-6001 아메리카노 3,500원 _서행길 5코스

겸재 정선이 사랑한
궁산에 오르다

강서구 가양동에 있는 궁산은 규모는 작지만, 오랫동안 왜적의 침입으로부터 수도를 지키는 군사적 요충지였다. 또한 조선시대 양천현의 주산이었으며 한강을 끼고 있는 풍광이 아름다워 풍류를 즐기는 선비들이 모여드는 명소였다.

한강을 지키던 3대 산성 궁산 정상에 자취만 남아 있는 고성 터의 역사는 삼국시대까지 거슬러 올라간다. 강 건너 행주산성, 파주의 오두산성과 함께 한강 어귀를 지키던 3대 산성이었다. 이곳의 군사적인 가치를 알아본 것은 일제도 마찬가지였다. 일제강점기 시절 군수 물자를 쉽게 이동하기 위해 궁산에 땅굴을 파서 보급품을 보관하였다. 현재 궁산 땅굴은 누구나 관람할 수 있도록 전시관이 만들어져 관리되고 있다.

궁산 땅굴 역사전시관
🕐 10:00~16:00(월요일 휴무) 📍 서울특별시 강서구 양천로49길 106

① 이조면옥

가히 강서구를 대표하는 평양냉면 맛집이라 해도 손색이 없다. 특히 물냉면은 군더더기 없는 깔끔한 육수와 쫄깃한 면발의 조합이 환상적이다. 동절기에는 갈비탕을 많이 찾는데 푸짐하게 내어주는 갈비의 양이 인상적이다. 🕐 11:00~20:50 📍 강서구 양천로 353 📞 02-3661-3457 💰 물냉면 13,000원, 갈비탕 17,000원

겸재정선미술관이 왜 이곳에? 땅굴 역사전시관 바로 맞은편에는 겸재정선미술관이 자리 잡고 있다. 겸재는 그의 나이 65세 때 양천 현감으로 부임하여 70세까지 이곳에서 머물렀다. 미술관에는 정선이 양천 현감으로 재직할 당시 그렸던 양천팔경, 소악루, 종해청조도, 목멱조돈과 같은 작품들이 전시되어 있다.

소악루에 올라 겸재의 풍류를 담아본다 궁산의 소악루라 불리는 정자에 올라 주변의 풍경을 담은 그림도 여러 편 남겼다. 현재 소악루에서 보이는 모습과 겸재의 작품 속 풍경과는 꽤 다르다. 정자의 위치가 달라진 것도 원인이 겠지만 상암동 쪽으로는 스카이라인과 난지도가 생겨났고 선유도와 강서구 주변의 모습도 과거와는 무척이나 달라졌기 때문이다.

② 옛날국수 경남상회

국수를 널어서 말리는 옛날 방식을 고수하는 곳이다. 지방도 아닌 서울 시내에서는 거의 유일하게 전통 방식을 고수하는 추억의 장소이다. 널어놓은 국수를 조금 뜯어서 먹어보는 것도 오랜만에 느껴보는 참 정겨운 순간이다. 일반 국수와 강황 국수, 메밀국수, 참기름 등을 판매한다. 🕐 08:30~19:00(일요일 휴무) 📍 강서구 양천로47나길 48-13 📞 02-3662-7200 💰 국수 한 묶음 9,000원

종해정초도 종해헌宗海軒은 양천 관아의 현감 집무소 이름이었다. 청조聽潮는 파도 소리를 듣는다는 뜻의 단어이니 결국 겸재 정선이 종해헌에 앉아 한강 하류의 밀물과 썰물이 만드는 파도 소리를 즐기고 있다는 뜻이다.

로컬에 머물다   NO. 03

개미마을에서 문화촌까지
홍제동 탐방기

서울 최후의 달동네, 개미마을 홍제동은 산으로 둘러싸인 분지다. 이런 이유로 아랫동네와 윗동네 간의 고도 차이가 상당하다. 홍제동 위쪽으로 올라가면 서울 최후의 달동네로 불리는 개미마을이 자리 잡고 있다. 개미마을은 과거에는 인디언촌으로 불렸다. 천막을 치고 사는 모습과 수시로 철거반에 대응하는 모습이 마치 서부극의 한 장면 같았기 때문이란다. 1980년대에 들어서 '개미처럼 열심히 사는 사람들이 모여 사는 동네'라는 의미로 '개미마을'로 바꿔 부르게 되었다. 개미마을에는 서대문 07번 마을버스가 운행되는데 개미마을 종점에 내려서 인왕산으로 진입하면 인왕산 둘레길과 기차바위 능선으로 오르는 최단 코스가 된다.

부흥주택이라 불리던 문화촌 홍제동 아랫동네는 과거 문화촌으로 불리던 시절이 있었다. 1950년대 홍제 천변을 바둑판처럼 정리해서 반듯한 골목을 갖춘 주택단지로 조성했고, 지금의 홍제동 463번지, 문화공원 일대를 문화촌이라 불렀다. 담장을 사이에 두고 두 집의 지붕을 나란히 붙여서 지은 맞배지붕의 양옥집 30여 채에 문화예술인들이 거주하면서 이런 명칭이 붙여졌다. 이 주택들은 입식 부엌과 수세식 화장실을 갖춘 서구 스타일로 일명 부흥주택이라 불리기도 했다. 선망의 대상이 되었던 신식 주택들과 달동네가 위아래로 붙어서 존재했던 것이다. 오늘날 부촌을 나누는 개념인 업타운과 다운타운의 관점으로 보면 정반대되는 현상이었다. 그러나 이것도 이제 얼마 지나면 옛말이 될 듯싶다. 2025년 개미마을에 재개발이 추진된다는 소식이 들려왔다. 인왕산에 붙어 있는 산동네에 신축 아파트가 들어서는 날이 오면 과거 개미마을과 문화촌 사이에 존재했던 위상은 역전될지도 모를 일이다.

① 문화촌 초밥집

문화촌 숨은 맛집이다. 초밥에 올라가는 회가 수준급이고 밥도 입에 넣는 순간 녹아 없어질 정도로 부드럽다. 초밥 세트를 시키면 우동이 같이 나와서 함께 먹기 좋다. 수준급 초밥을 가성비 있게 즐길 수 있는 고마운 식당이다.
11:30~21:30(브레이크타임 14:30~16:00, 월요일 휴무) 서대문구 세무서7길 12-6 02-394-6789 화세트 17,000원

② 해피돈까스

친절한 부부가 운영하는 홍제동의 소문난 맛집이다. 국내산 생등심만을 사용하여 아침마다 돈가스를 만들고 소스도 직접 만든다. 다양한 스파게티와 생선까스도 판매한다. 행안부 선정 '착한가격업소'로 뽑힌 곳이다.
11:30~21:00(브레이크타임 15:00~17:00, 일요일 휴무) 서대문구 세검정로 52-10 02-394-4476 해피돈까스 9,000원, 카르보나라 10,000원

로컬에 머물다　　　　　　　　　　　　　　　　　　　　NO. 04

캠퍼스의 낭만을 찾아서
대학가 맛집 탐방

성저십리길에서는 유독 대학교를 많이 지난다. 덕분에 대학가 주변 학생들을 위한 가성비 좋은 맛집들까지 함께 만나게 된다. 열심히 걷고 난 후 잠시 캠퍼스의 분위기를 느끼며 맛있는 한 끼 식사를 즐겨보자.

인덕대

하다 식당 인덕대 앞 찐 맛집이다. 로스카츠가 대표이며 고기가 놀랍도록 부드럽다. 푸짐한 밥, 장국, 밑반찬들도 하나하나가 범상치 않다. 카레도 잘하는 집이라 카레 세트 메뉴도 인기다. 일식 돈가스를 사랑하는 사람이라면 꼭 방문해야 하는 곳이다. ⓒ 11:00~21:00(브레이크타임 15:00~17:00, 일요일 휴무) 📍노원구 초안산로2길 122 📞0507-1304-4698 🍴로스카츠 11,000원, 카레우동+한입 히레 9,000원

카페 오 블루 부산 3대 커피인 모모스 커피의 원두를 사용한다. 바다를 테마로 하는 깔끔한 인테리어가 인상적이다. 커피는 4가지 원두 중에서 선택할 수 있다. 피낭시에와 에그타르트 등의 디저트도 맛있다. ⓒ 08:00~20:00 📍노원구 초안산로2길 110 📞0507-1358-2605 🍴아메리카노 3,800원

동덕여대

윤가네 동덕여대 정문 앞 분식집이다. 학생들에게는 맛집이라기보단 편안한 밥집이라는 표현이 어울린다. 학교와 가까워서, 또 메뉴가 다양해서, 시키면 금방 나와서, 자극적이지 않고 집밥 같은 느낌의 식당이다. 짜고 매운맛보다는 달근한 뒷맛이 올라와 여학생들의 취향이 반영된 느낌이다. ⓒ 07:00~21:00 📍성북구 화랑로13길 42 📞02-914-3277 🍴제육덮밥 7,500원

소담유부 여대생들의 취향저격 식당이다. 치볶동은 우동을 넣은 국물 떡볶이에 치즈가 듬뿍 올려 나온다. 유부초밥은 참치마요, 소고기김치, 단짠우삼겹, 쌈장삼겹 등 종류가 다양하며 생각보다 양이 많아서 1개만 먹도 포만감이 느껴질 정도다. 단짠의 정석을 맛보고 싶은 사람들에게 추천한다. ⓒ 07:30~22:00 📍성북구 화랑로13길 28 📞0507-1388-7377 🍴소담유부 11,000원, 치볶동 7,500원

고려대

고른햇살 밤낮으로 배고픈 고대생들의 허기를 달래주는 사막의 오아시스 같은 분식집이다. 과히 서울 최고라고 할만한 참치김밥과 된장국의 조화는 일품이며 푸짐한 양까지 만족스럽다. 찰떡궁합인 라볶이도 빼놓을 수 없다. 졸업생도 다시 찾고 항상 대기가 발생하는 고대생들의 찐 맛집이다. 06:30~23:30 성북구 개운사길 14 02-953-3794 참치김밥 5,000원, 라볶이 6,500원

백소정 돈가스와 마제소바로 유명한 프랜차이즈의 본점이다. 세트 메뉴를 시키면 둘 다 맛볼 수 있다. 겉바속촉의 등심돈가스가 수준급이며 비빔우동인 마제소바도 독특한 풍미를 자극한다. 11:00~21:00 성북구 개운사길 30, 2층 0507-1392-2022 세트 메뉴 15,900원

한예종

보나푸드 친근한 분위기의 한예종 학생들 최애 맛집이다. 매일 메뉴가 바뀌는 1인 정식이 대표 메뉴이며 가정식 백반처럼 상차림이 깔끔하다. 즉석떡볶이도 인기며 저녁 시간에는 안주 오마카세 메뉴도 주문할 수 있다. 11:30~22:00(토요일 휴무) 성북구 돌곶이로17길 30 0507-1313-1958 1인 정식 10,000원, 즉석 떡볶이 2인 15,000원

고랭 동남아식 볶음요리를 전문으로 하는 곳이다. 나시고랭과 팟타이가 대표 메뉴다. 푸짐한 양과 합리적인 가격으로 학생들이 즐겨 찾는 맛집이다. 11:00~21:00(일요일 휴무) 성북구 화랑로32길 31 02-959-9909 나시고랭 9,000원, 팟타이 9,000원

로컬에 머물다   NO. 05

진짜 로컬과 만나다
전통시장

 ① 배봉산 둘레길
전농로터리시장 1905년에 설립되어 100여 년의 역사를 자랑하는 전통시장이다. 당시 우리나라 최초의 근대 시장 중 한 곳이었다. 현재 100여 개의 점포가 상권을 이루고 있다.

500원 부침개집 전농로터리시장에서 가장 유명한 업소다. 부침개 한 장을 500원에 파는 가게다. 노점이기 때문에 주소로 찾기는 힘들고 우리은행 전농동지점을 찾은 후 은행 오른쪽 시장 입구로 들어가서 30m 직진하면 발견할 수 있다. 별다른 재료를 넣지 않고 쓱쓱 부쳐주는 따뜻한 부침개를 즉석에서 맛보는 것이 별미다.

은하곱창 전농시장을 넘어 전국구로 유명한 맛집이다. 곱창전골이 대표 메뉴다. 큼직한 곱창은 잡내 없이 잘 손질되었고 칼칼한 육수는 소주 한잔을 부른다. 뭐하나 흠잡을 데 없는 맛이다. ⓣ 11:00~21:00(일요일 휴무) ⓐ 동대문구 전농로15길 22 ⓟ 0507-1403-0262 ⓦ 곱창전골 30,000원

 ② 충효길
남성사계시장 1966년 청계천 철거민 이주와 함께 형성된 전통시장이다. 남성시장으로 불렸으나 사계절 테마를 도입하여 남성사계시장으로 다시 브랜딩 되었다. 인근 사당동 주민은 물론이고 이웃 서초구에서도 찾아오는 매우 활성화된 시장이다.

경성모밀 남성사계시장에서 가장 인기 있는 맛집이다. 항상 대기줄이 길어서 맛보기가 쉽지 않다. 점심시간에만 장사하고 문을 닫는다. 대표 메뉴는 메밀과 돈가스를 함께 맛볼 수 있는 세트 메뉴다. 감칠맛 도는 메밀과 옛날 경양식 느낌의 돈가스까지 극강의 가성비를 누릴 수 있다. 줄 서는

식당에는 역시 이유가 있다. 🕐 11:30~15:00(수·일요일 휴무) 🏠 동작구 동작대로29가길 6 📞 02-532-6670 🌐 모밀+돈까스 세트 11,000원

유정우 함흥냉면 시장 안에 숨은 냉면 맛집이다. 특히 홍어가 올려 나오는 회냉면이 특히 맛있다. 면발에서 양념 그리고 고명까지 밸런스가 정말 좋다. 두부와 부추가 잔뜩 들어간 왕만두 반 접시까지 더해주면 훌륭한 한 끼가 된다. 🕐 11:00~21:00 🏠 동작구 동작대로29다길 7-1 📞 02-3478-0105 🌐 회냉면 12,000원, 왕만두 반 접시 5,000원

종로곱창 곱창볶음을 잘하기로 소문났다. 테이블이 몇 개 없어 항상 만석이다. 곱창 손질을 잘해서 잡내가 없고 양도 푸짐하다. 동네 사람들은 비조리 상태로 포장도 많이 해간다. 🕐 14:00~22:00(일요일 휴무) 🏠 동작구 동작대로29길 13 📞 02-533-0869 🌐 곱창볶음 12,000원

삼학도 매일 목포에서 식재료가 올라오는 생선전문점이다. 갈치조림과 고등어구이, 애호박국밥이 대표 메뉴다. 딸려 나오는 밑반찬들도 맛있고 특히 고등어구이가 예술이다. 동네 어르신들이 애용하는 찐 맛집이다. 🕐 11:30~20:30(브레이크타임 15:00~16:00, 월요일 휴무) 🏠 동작구 동작대로29길 7 📞 02-535-3696 🌐 고등어구이 12,000원, 애호박국밥 10,000원

이수 짜장 시장에서 가장 인기 있는 중국집이다. 양도 푸짐하고 가성비도 좋은 식당이다. 🕐 11:30~21:00(브레이크타임 15:00~17:00) 🏠 동작구 동작대로29가길 7 📞 02-599-1462 🌐 쟁반짜장 9,000원, 미니탕수육 14,000원

봉제산 둘레길
목동깨비시장

1970년대 개장해 양천구에서 가장 오래된 시장이다. 등촌역 인근에 있어 등촌시장으로 불리기도 한다. 아케이드가 없는 골목형 시장으로 200여 개의 점포가 영업 중이다.

할범탕수육 시장에서 가장 유명한 분식집이다. 탕수육을 1인분에 3,000원에 판매하는 가성비 끝판왕이다. 잔치국수도 3,000원으로 싸다. 대단한 맛집은 아니지만 누군가에게는 추억의 맛으로 기억되는 30년 노포다. 행안부 선정 착한 가격 업소이기도 하다. ⓧ 09:00~21:00(화요일 휴무) ⌂ 양천구 목동중앙북로 15 ☏ 02-2652-0883

골목집 목동 토박이들만 알음알음 찾는다는 노포 포장마차. 3명한테도 충분한 양인 닭도리탕이 25,000원일 정도로 가성비 좋은 맛집이다. 일단 기본으로 어묵국과 무말랭이, 단무지무침 그리고 간장국수가 나온다. 간장국수는 참기름과 간장으로 심심하게 간을 한 소박한 매력이 있다. 중소기업벤처부 인증 백년가게이기도 하다. ⌂ 양천구 목동중앙북로 4 ☏ 02-2648-3073

④ 독산 자락길
신원시장

1970년대 신림역 주변에 노점들이 모여들면서 자연스럽게 형성된 시장이다. 120여 개의 점포가 있는 전통시장이다. 다양한 시장 음식들을 가성비 좋은 가격으로 즐길 수 있어 유명세를 치르고 있다.

초밥 아저씨 가성비 좋은 초밥을 판매하는 포장전문점이다. 모둠초밥이 6,000원으로 정말 저렴하지만, 회는 신선하고 밥은 부드러워 그 맛이 수준급이다. 최소 6시간 전에 전화로 예약해야 간신히 맛볼 수 있다. 행안부 선정 착한 가격 업소다. ⏰ 13:30~22:30(일요일 휴무) 📍 관악구 신원로23 신원시장 📞 02-3281-2820

두명식품 일명 두명 전집 혹은 할머니 전집으로 불리는 업소다. 다양한 종류의 전을 부쳐내는 가게다. 5,000원 단위로 판매하며 5,000원어치만 사도 양이 꽤 푸짐하다. 맛도 좋아서 SNS에서 회자되는 신원시장 가성비 맛집 중 한 곳으로 꼽힌다. 📍 관악구 신림동1587-39

원조 리더 순대 신원시장의 가성비 순댓국집이다. 얼큰한 스타일의 국밥을 제공하고 돼지 귀, 머릿고기 같은 다양한 부속 고기도 맛볼 수 있다. ⏰ 05:00~22:00(화요일 휴무) 📍 관악구 관천로 19A-67 📞 02-863-3418 💰 순댓국 8,000원, 머릿고기 10,000원

시장탕수육 국내산 돼지고기 등심을 사용한 4,000원짜리 탕수육으로 유명한 업소다. 김밥, 떡볶이, 튀김 등의 분식류도 판매한다. 30년이 되어가는 노포이며 행안부 선정 착한 가격 업소다. ⏰ 09:30~22:20(둘째·넷째 주 화요일 휴무) 📍 관악구 관천로 19 신원시장A-68 📞 02-866-3995

로컬에 머물다   NO. 06

산동네에 전해지는 흥미로운 이야기들
성저십리의 전설

한양이 되지 못해 슬픈 안산

경기도 안산? 아니라 서대문 안산! 안산은 연세대학교 캠퍼스와 연결된 뒷산이며 홍제동과 연희동 그리고 현저동에 걸쳐있는 서대문구의 실제 산이다. 경기도의 도시 '안산' 또는 풍수지리에서 말하는 안쪽에 있는 산 '안산'과 이름이 같아서 자주 헷갈리는 곳이다. 안산은 해발 295m의 낮은 산이다. 산 모양이 말의 안장 같이 생겼다고 해서 안산이라는 이름이 붙었다. 옛날에는 모악 또는 무악이라 불렸다. 은평구에서 서대문구로 넘어오는 고개를 무악재라 하는데 안산의 옛 이름을 딴 명칭이다. 이름이 헷갈릴 정도로 존재감이 희미한 산이지만 이곳이 품고 있는 둘레길과 풍수적 의미는 서울 최고의 명당이라 할 만큼 특별하다.

안산이 한양이 되지 못한 슬픈 이유 600여 년 전 이곳에서 조선 최대의 풍수 논쟁이 시작된다. 태조는 조선 건국 이후 개성에서 한양으로 수도 이전을 추진한다. 풍수에서는 주산, 진산이라는 개념이 중요하다. 주택이나 궁궐이 들어설 때 뒤를 받쳐주고 의지할 뒷산을 말하는 것이다. 좌청룡과 우백호가 될 주변 산세와 물길 등을 모두 살피고 나서야 최종적으로 주산을 정하게 된다. 당시 태조의 측근 하륜은 안산을 주산으로 꼽는 '무악주산론'을 내세운다. 하륜은 도선비기(신라시대 풍수지리서)의 내용을 근거로 이를 주장한다. 이곳에 궁궐이 들어서면 마포나루가 가까워서 지방 물자 운행과 중국과 무역에 유리할 것이라는 현실적인 이점도 내세웠다. 반면 궁궐로 사용할 터가 좁다는 점, 좌청룡과 우백호의 기세가 약하다는 점이 단점으로 지적되었다. 결국 하륜의 무악주산론은 북악산을 주산으로 내세운 정도전의 '백악주산론'에 밀려서 채택되지 못한다.

연세대는 경복궁이 이화여대는 경희궁이 될 뻔? 안산이 주산이 되어 이곳에 펼쳐진 한양도성 모습을 상상해본다. 연세대학교 캠퍼스 자리에 경복궁이 들어왔을 것이고 광흥창역과 대흥역 사이쯤에 남대문이 세워졌을 것이다. 와우산에는 사직단이 서강대 자리에는 종묘가 세워지고 연희동과 충현동에는 서촌과 북촌 같은 관료들의 주거 단지가 남아 있을 것이다. 그리고 이화여대 자리에는 별궁이지 들어오지 않았을까?

초안산에 내시 묘역이 생긴 이유는?

'도성 10리 안에 무덤을 쓴 자는 사형에 해당하나 감하여 유배를 보낸다.' 이는 조선시대에 지켜야 할 매우 엄격한 법이었다. 한양도성 안에서 사람이 죽으면 도성 안은 물론이고 성저십리라 불리는 성저십리 안쪽으로도 무덤을 쓰지 못했다. 이는 산자와 망자의 공간을 분리하려는 풍수학의 영향이기도 했고 시신의 부패와 전염병을 막고자 했던 공공위생의 측면이 고려된 조치이기도 했다.

초안산에 공동묘지가 만들어진 이유는?
초안산은 성저십리의 끝자락에 해당하는 곳에 있으며 풍수적으로도 배산임수의 형태를 갖추어서 묘지를 쓰기 알맞은 장소였다. 이러한 좋은 입지를 갖췄기에 이곳에서 1,000여 기 이상의 분묘가 분포하는 것으로 추정된다. 내시뿐만 아니라 사대부, 궁녀, 서민까지 다양한 계층의 사람들이 이곳에 묘터를 잡았다. 특히 내시들은 왕실과의 관계 등이 고려되었을 것으로 추측된다.

죽어서도 왕을 보필한 환관들
이곳의 무덤들은 대부분 서쪽을 향하고 있다. 이는 지형적인 영향이기도 하지만 죽어서도 왕의 안녕을 기원하기 위한 것으로 전해진다. 죽어서도 소임을 다하려던 환관들이었지만 조선시대의 신분제는 장례 예법에서도 엄격히 차이를 두었다. 권위를 상징하는 '무인상'은 왕족과 공신들의 묘에만 세워질 수 있었다. 초안산의 석상 대부분이 '문인상'인 이유도 중인이나 천민 계급인 내시들에게는 '무인상'이 허용되지 않았기 때문일 것이다. 이러한 애잔한 이야기가 전해지는 이곳은 역사적 의미를 인정받아 최근 사적 440호로 지정되었다. 또한 초안산이 있는 노원구에서는 이곳의 무연고 묘를 위해서 매년 10월 초안산 위령제를 개최하고 있다.

무학대사가 남긴 이름, 왕십리

왕십리라는 지명에는 유명한 이야기가 전해져온다. 조선 초기 무학대사가 태조의 명을 받아 새로운 도읍지를 찾아 다녔다. 그러던 중 지금의 왕십리에 도착해 주변을 두루 살펴보았다. 북으로는 행당산, 서로는 매봉산, 동과 남으로는 청계천이 흐르고 있는 모습에 '이곳이 바로 도읍지다.'라고 생각하게 되었다. 그런데 한 노인이 소를 끌고 지나가면서 소에게 "이 무학無學 같이 미련한 놈아"라고 소리치는 것이었다. 무학대사는 깜짝 놀라 "혹시 도읍이 될 만한 터를 아십니까.?"라고 물었고 노인은 "북서쪽으로 십 리를 더 가보시오."라는 말을 남기고 사라졌다. 무학대사가 십 리를 더 가서 도착한 곳이 바로 현재의 경복궁 터라고 한다. 그리하여 갈 왕(往)자에 십 리(十里)를 붙여서 왕십리라는 지명이 탄생하는 계기가 된 것이다. 현재 왕십리 일대에는 무학여고, 무학초, 무학봉이라는 명칭들이 그대로 남아 이 유래를 계승하고 있다.

두 가지 한자로 쓰이는 무학봉 왕십리가 한눈에 내려다보이는 작은 산, 무학봉은 무학대사가 도읍을 찾던 때에 올라 지형을 살피던 곳으로 알려져 있다. 무학은 무학대사의 법호에서 딴 이름이다. 야사에서 노인이 말한 것 같이 무학無學이란 학식이 없음을 뜻하기도 하지만 불교에서 무학無學이란 열반의 경지에 올라 더 이상 배울 것이 없다는 의미이기도 하다. 또 다른 무학舞鶴은 춤추는 학이라는 뜻이다. 무학대사의 어머니는 간월도 섬사람으로 장에서 굴을 팔았다고 전해진다. 무학대사를 낳은 직후 잠시 자리를 비운 사이 학들이 날아와 대사를 보호하였으며 아이를 둘러싸고 춤추고 있었다고 전해진다. 그래서 대사의 법명이 춤추는 학에서 유래되었다는 설도 들린다. 무학초, 무학여고, 무학봉의 한자는 모두 무학舞鶴을 쓴다.

LOCAL STORY

마을의 평안을 기원하는 대동제
봉화산 도당굿

도당제都堂祭는 마을의 평안과 풍년, 주민들의 무병장수를 기원하며 공동체가 함께 지내는 제사다. 일제강점기 이전까지는 전국적으로 활발하게 시행되었지만 이제는 봉화산과 삼각산 두 곳에서만 열리는 아주 진귀한 민속신앙 행사가 되었다.

400년을 이어온 마을 전통 행사

도당제는 주로 당산이라 불리는 신성한 나무 아래에서 진행된다. 이곳에는 마을의 수호신을 모시는 당집이 존재했다. 이를 신당, 산신각이라는 다양한 명칭으로 불렀다. 삼각산에는 사라졌지만, 봉화산 정상에는 여전히 당집이 남아 있다. 봉화산 도당제는 400년 전부터 기록이 남아 있을 정도로 오랜 역사를 지니고 있다. 과거에는 봉화산 아래 6개 부락이 공동으로 산신할머니를 모셨으나 1960년대부터는 중화, 상봉, 신내동 3개 마을에서 번갈아 가며 제사를 지내게 되었다. 2000년대부터는 보존위원회에서 매년 행사를 열고 있다. 봉화산과 삼각산 도당제는 모두 서울시 무형유산으로 지정되었다.

매년 음력 3월 3일, 도당 터에서

봉화산 도당제는 봉화산 정상에 마련된 도당 터에서 하루 종일 의식을 치른다. 오전에는 잡귀잡신의 부정을 막아주는 '거리 부정'을 시작하고 오후에는 도당의 신과 팔도의 산신에게 청배하고 축원을 드리는 도당거리를 비롯해 신장거리, 대감거리 같은 다양한 의식들을 진행하며 맨 마지막에는 신들을 돌려보내는 뒷전으로 마무리한다. 산에는 고기를 받는 육산이 있고 고기를 받지 않는 소산이 있는데, 봉화산은 소산이어서 의식 중에는 고기를 바치지 않는다. 다만 행사 당일 소머리국밥 등의 음식을 준비해서 마을 사람과 관광객들에게는 대접한다.

봉화산 주변 맛집

한동길뼈다귀감자탕 신내동에서 가장 인기 있는 식당 중 한 곳이다. 뼈해장국은 살코기가 넉넉하게 들어 있고 국물은 진하다. 기본으로 나오는 채소도 싱싱하고 김치와 깍두기도 맛있다. 항상 손님들로 북적이며 식사 시간에는 종종 대기도 발생한다. 24시간 영업 중랑구 신내로 225 02-3421-0656 뼈해장국 10,000원

도가순대국 중랑구청 인근의 순댓국 맛집이다. 국물은 가볍다는 느낌이 들 정도로 담백하며 내용물들도 잡내 없이 깔끔하다. 순댓국을 담백하다고 표현할 수 있는 독특한 식당이다. 09:00~21:00 중랑구 봉화산로 189 대명아파트 상가 3층 02-3423-0887 순댓국 12,000원

SEOUL TRAIL 24

PART 3

서울둘레길 2.0

서울둘레길을
경외하다

경외(京外)는 서울의 밖을 뜻하기도 하고 서울과 시골을 아울러 이르기도 한다. 과거 한양도성이 있던 시절 그 경계는 성곽이었으나 도시가 팽창하면서 그 경계는 눈에 보이지 않는 행정구역으로 바뀌었다.

서울은 산과 강에 막혀 더 이상 팽창이 어려울 때까지 커졌고 서울둘레길은 거의 정확하게 이 경계를 따라간다. 산과 산을 외곽으로 이어 걷는 이 트레일은 기존의 등산로나 걷기길과는 다른 형태를 취한다.

정상을 향해가는 것이 목적이 아니기에 골짜기를 따라 올라가지 않고 골짜기를 옆으로, 옆으로 넘어가며 종주한다. 산세가 부드러울 때는 그 흐름이 자연스럽지만 거친 산을 만났을 때는 이리저리 오르내리며 꽤 요란하게 흔들린다. 이런 패턴에 익숙해진다면 한 번도 가본 적 없는 낯선 동네를 탐험하는 신선함도 느끼게 될 것이고 깊은 숲과 도심이 공존하는 중간 지대에서만 볼 수 있는 독특한 풍경과도 마주하게 될 것이다.

서울둘레길은 해발 839m의 북한산에서부터 해발 70m의 봉산까지 다양한 높이의 산들을 이어 걷게 된다. 비록 정상까지 오르진 않지만, 원을 그리며 걷다 보면 곳곳의 전망대에서 바라보이는 봉우리들이 때와 장소에 따라 팔색조같이 변하는 매혹적인 풍경과도 마주하게 될 것이다.

"서울둘레길을 따라
경외京外하다 보면
어느 순간 서울이라는 도시를
경외敬畏하게 될 것이다."

이것만은 알고 걷자!
서울둘레길 오리엔테이션

| 서울둘레길의 상징 | 서울둘레길의 상징색은 주황색이고 심볼은 솟대다. 주황은 인간과 도시의 따뜻함을 의미한다. 솟대는 마을 입구에 세운 긴 장대에 새 모양의 상징을 얹은 구조물이다. 이는 풍요와 소망을 기원하며 또한 기둥(땅)과 하늘(새), 자연과 인간의 연결을 의미한다. |

서울둘레길 찾아가기 — 출발지가 되는 지하철 역사나 버스정류장에는 둘레길 시점까지 안내하는 경로 표지판이 설치되어 있다. 나가는 출구 번호는 물론이고 코스 출발 지점까지의 거리도 자세하게 표시되어 있다.

서울둘레길 따라가기 — 서울둘레길에는 시점과 종점, 중간중간 지점마다 다양한 안내표지가 설치되어 있다. 일단 코스에 진입하면 솟대가 표시된 안내표지와 안내 리본을 따라가면 된다. 주황색의 표식이 눈에 띄어 찾기 쉽다.

네이버와 카카오맵에서 '서울둘레길 1코스'를 검색하면 1코스의 경로가 지도에 표시된다. 그리고 현 위치를 클릭하면 실시간으로 경로 이탈 여부도 확인할 수 있다.

  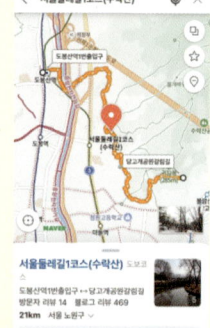

네이버 지도   카카오맵

서울둘레길
2.0
경 외 하 다

서울둘레길 안내센터

서울둘레길 1코스 시점이자 21코스 종점인 서울창포원에 안내센터가 운영된다. 9코스 종점이자 10코스 시점인 매헌시민의숲에도 있다. 두 곳에서는 스탬프북 배포와 완주인증서 발급이 이루어진다. 운영 시간은 오전 9시부터 오후 6시까지고 매주 월요일은 쉰다.

서울둘레길 완주하기

서울시에서는 서울둘레길 21개 코스 157km를 완주한 사람들에게 공식 인증서를 발급해준다. 인증서에는 고유번호가 기재되며 기념품이 함께 수여된다. 인증 방법은 아래와 같다.

① 스탬프 인증

서울둘레길 전체 구간에는 우체통을 활용한 28개의 스탬프 함이 놓여있다. 스탬프북에 인증 도장을 모두 찍으면 서울둘레길 완주를 인정받을 수 있다. 스탬프북은 서울둘레길 안내센터와 서울시청 1층 열린민원실에서 받을 수 있다.

② 모바일 인증

'모바일 스탬프여권', '트랭글', '램블러' 등의 모바일 앱을 이용해서 인증받을 수 있다. 서울둘레길 인증 스탬프 지점에 도착해서 해당 앱을 실행하면 스탬프가 인식되고 인증 사진을 올리면 완료다.

모바일 스탬프여권   트랭글   램블러

서울둘레길 2.0
21코스 트레킹 맵

서울둘레길은 서울을 한 바퀴 도는 순환형 트레킹 코스로 156.5km에 달한다. 이는 1코스당 평균 7.5km의 거리가 된다. 지하철역에서부터 시작되기에 접근성이 뛰어난 도심형 코스다. 일부 하천을 걷는 구간이 존재하지만 대부분 서울 주변의 산길을 이어 붙인 산악형 트레일이다. 2014년에 처음 개통되었으며 10년 후인 2024년 서울둘레길 2.0으로 개편되었다.

1코스 수락산 p.158
도봉산역-불암산역

2코스 덕릉고개 p.160
불암산역-불암산역

3코스 불암산 p.164
불암산역-화랑대역

4코스 망우·용마산 p.166
화랑대역-사가정역

5코스 아차산 p.168
사가정역-광나루역

6코스 고덕산 p.170
광나루역-고덕역

7코스 일자산 p.172
고덕역-올림픽공원역

8코스 장지·탄천 p.174
올림픽공원역-수서역

9코스 대모·구룡산 p.176
수서역-양재시민의숲역

10코스 우면산 p.178
양재시민의숲역-사당역

11코스 관악산 p.180
사당역-관악산공원역

12코스 호암산 p.182
관악산역-석수역

13코스 안양천 상류 p.186
석수역-구일역

14코스 안양천 하류 p.188
구일역-가양역

15코스 노을·하늘공원 p.190
가양역-증산역

16코스 봉산·앵봉산 p.192
증산역-구파발역

17코스 북한산·은평 p.196
구파발역-불광역

18코스 북한산·종로 p.198
불광역-롯데아파트 버스정류장

19코스 북한산·성북 p.200
삼성아파트 버스정류장-화계역

20코스 북한산·강북 p.202
화계역-우이역

21코스 북한산·도봉 p.206
우이역-도봉산역

> 서울둘레길 1코스

156.5km 대장정의 서막
수락산 코스

서울둘레길 1코스는 전체 21개 둘레길 코스의 특징을 하나로 모아 놓은 압축판이라 할 수 있다. 공원과 하천 그리고 계곡과 전망대까지 둘레길을 걸으며 마주하는 모든 풍경을 한 번에 체험할 수 있어 알차다. 수락산은 물이 떨어지는 산이란 뜻으로 화강암의 암벽에서 물이 흘러내리는 모습에서 유래된 것이다. 덕분에 이곳을 걷다 보면 특별한 모양의 바위들을 자주 만날 수 있다.

> MAIN SPOT

① 서울창포원

1코스의 시작을 알리는 서울창포원은 1만 6,000여 평에 달하는 습지 생태공원이다. 고즈넉하고 편안한 분위기 덕분에 한참을 머물게 하는 곳이다. 노랑꽃창포, 부처 붓꽃, 타래붓꽃 등 붓꽃 130여 종 30만 본이 식재되어 있다.

② 노원골

수락산 등산로와 무장애길이 시작되는 노원골은 둘레길과 교차하는 수락산의 중심지다. 계곡을 복원하고 산책로와 무장애길, 유아숲체험원 등의 편의시설을 조성하여 많은 사람이 찾아오는 힐링 공간이다.

COURSE MAP

거리 6.9km　소요 시간 약 3시간 04분　상승 고도 357m

출발: 도봉산역 → ① 서울창포원(인증스탬프) → 상도교 → 벽운계곡길 → ② 노원골 → A전망대 → B전망대 → 당고개공원 인증스탬프 → ③ 거인발자국바위 → 당고개공원 → 도착: 불암산역

구간 난이도
- 쉬움
- 보통
- 어려움

고도 가이드

MORE INFO

찾아가기
IN 도봉산역 2번 출구로 나오면 횡단보도 맞은편으로 서울창포원이 보인다. 창포원 인증스탬프는 길 건너 50m 직진하면 만날 수 있다.
OUT 코스 종점에서 4호선 불암산역 3번 출구까지 약 700m 거리다.

코스 정보

수락산 코스는 21개 둘레길 중에서도 상급 난이도에 속한다. 시작부터 어려운 코스와 마주하기에 매도 먼저 맞는 게 좋다는 심정으로 마음을 추슬러본다. 수락산 구간을 무난하게 주파한다면 앞으로의 둘레길 여정에는 한결 여유가 생길 것이다. 공식 홈페이지에서는 2시간 50분으로 안내하고 있으나 초보자는 이보다 시간이 더 걸린다. 체력과 시간 안배가 필요한 코스다.
수락산 남쪽 귀임봉 산자락에는 최근까지 사용되던 채석장의 절개 면이 노출되어 있다. 이곳 주변으로 두 곳의 전망대가 있는데, 그중 B전망대는 1코스에서 가장 시원스러운 풍경을 만날 수 있다. 도심이 손에 잡힐 듯이 맞닿아 있는 풍경이 장관이다. 굳이 수락산 정상까지 오르지 않아도 둘레길에서 충분히 즐길 수 있는 전망 명소다.

둘레길 정보
서울둘레길 안내센터 1코스가 시작되는 서울창포원에는 스탬프북과 코스 지도를 받을 수 있는 안내센터가 있다. 시즌 별로 열리는 이벤트 소식과 코스 답사 정보도 문의할 수 있으니 적극적으로 이용하자. 서울둘레길 21코스를 완주한 뒤에 이곳에서 완주 인증서와 기념품도 받을 수 있다. 안내센터는 9코스 종료 지점인 양재동 매헌시민의숲에도 있다. 09:00~18:00　서울 도봉구 마들로 916 방문자센터 1층　02-779-7902

주차 정보
도봉산역 공영주차장 도봉산역 1번 출구 건너편에 위치. 60분당 2,040원　도봉구 도봉산4나길 43

③ 거인발자국바위

수락산에는 고래바위, 외계인바위, 기차바위 등 유독 희한한 모양의 바위가 많다. 그중 발자국이 찍힌 듯한 모양의 거인발자국바위는 높이가 2m가 넘을 정도로 크다. 2코스에 있는 거인손자국바위와 연결된 스토리가 재미있다.

서울둘레길 2코스

불암산 자락을 넘어
철쭉동산으로
덕릉고개
코스

4월이 되면 불암산 자락은 온통 진분홍 철쭉으로 물든다. 철쭉 명소는 전국 여러 곳 있지만, 이곳에서는 수락산 도솔봉이 근사한 배경이 되어준다. 아직까진 외부에 잘 알려지지 않았기에 꽃놀이 시즌에도 한적한 분위기는 나만의 비밀로 삼고 싶을 정도다. 수락산의 거친 산길을 뚫고 여기까지 왔으니 이제 큰 고비는 넘겼다. 이제 불암산을 필두로 좀 더 여유롭게 꽃길만 걸어가면 되겠다.

> MAIN SPOT

① 거인손자국바위

수락산에는 이곳에 살던 거인의 전설이 있다. 1코스에서 거인의 발자국을 봤다면 2고스에서는 거인의 손자국을 볼 수 있다. 거인은 산의 동물과 식물들을 지켜주는 수호신이었다. 산림과 생태계가 파괴되자 수락산을 떠났다고 전해진다.

❷ 덕릉고개

남양주시 별내동과 노원구 상계동을 연결하는 높이 150m의 고개다. 수락산이 끝나고 불암산 자락으로 들어서는 곳으로 덕릉(德陵)이라는 명칭은 고개 동쪽에 조선 14대 임금 선조의 생부 덕릉대군의 묘가 있는 것에서 유래되었다.

❸ 연인바위

산이 바뀌어도 독특한 생김새의 바위들은 끊이지 않고 나타난다. 연인바위는 사람 모양의 바위가 둘로 나뉘어 있는 모양이다. 어찌 보면 둘이 붙어 있는 것 같기도 하고 또 서로 포옹하는 것 같기도 해서 이런 이름이 붙여졌다.

COURSE MAP

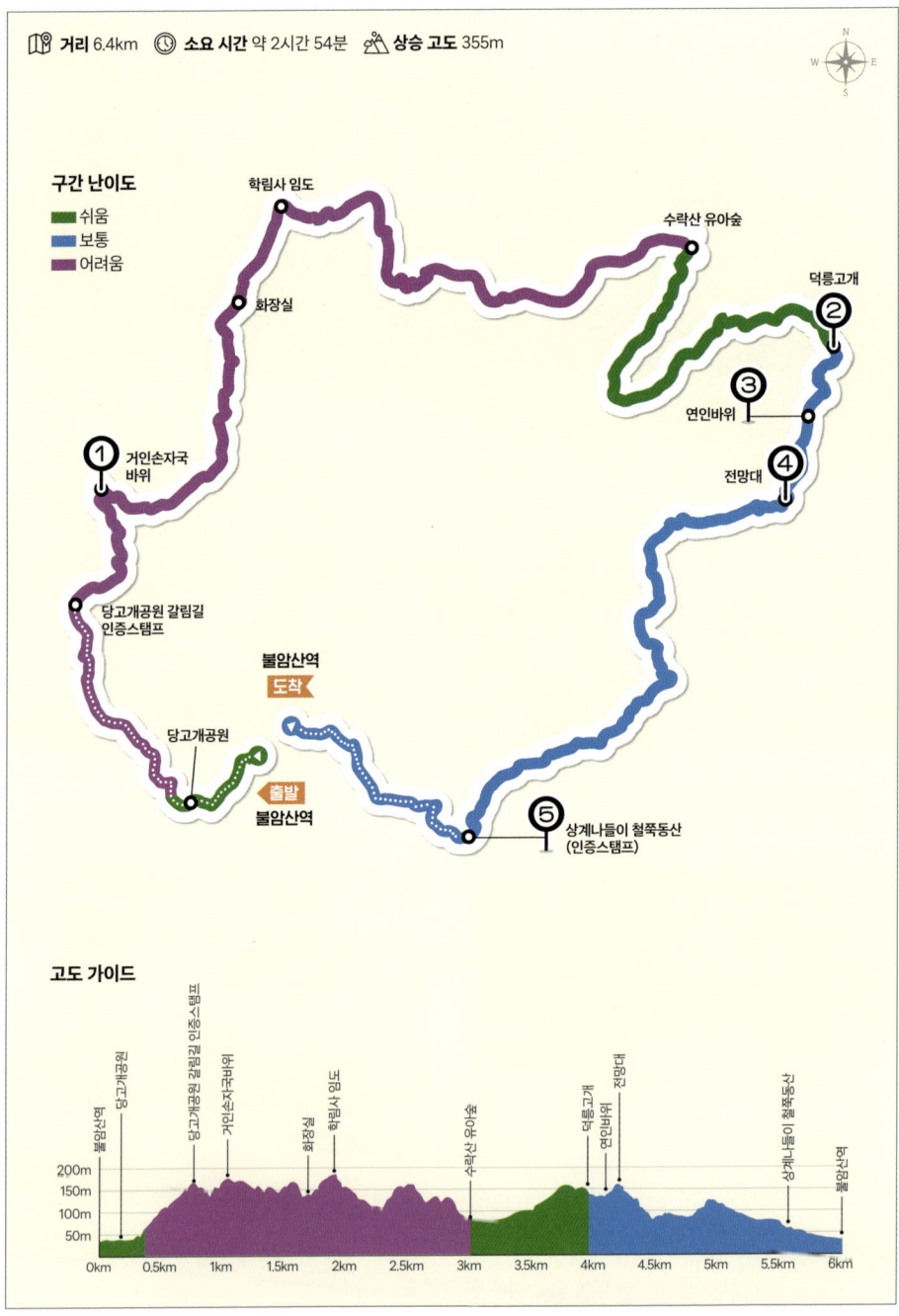

MAIN SPOT

④ 전망대

불암산의 둘레길은 수락산의 자태를 바라보며 한결 여유롭게 걷게 된다. 전망대에서는 해발 285m의 귀임봉이 손에 잡힐 듯이 바라보인다. 귀임봉 너머로는 북한산 백운대를 비롯하여 인수봉, 만경대의 삼각편대가 또렷하다.

⑤ 상계나들이 철쭉동산

2코스의 종착지인 상계나들이 철쭉동산은 4월~5월 꽃이 만발하는 시절이 오면 천상의 화원으로 변신한다. 꽃이 피지 않는 시즌에 방문해도 수락산은 물론이고 멀리 삼각산까지 바라보이는 탁 트인 조망은 그것만으로도 부족함이 없다.

MORE INFO

찾아가기

IN 불암산역 3번 출구로 나와 당고개공원을 가로질러서 상단 주차장 쪽으로 가면 덕암정 맞은편으로 등산로가 시작된다. 이곳에서부터 당고개 갈림길 인증스탬프까지 500m 거리다.

OUT 종점에서 4호선 불암산역 1번 출구까지 약 550m 거리다.

코스 정보

서울둘레길 2코스는 1코스에 이어 만만치 않은 여정을 이어간다. 특히 불암산역에서 코스 시점인 당고개 갈림길까지 올라오는 500m 구간이 특히 힘들다. 한 번에 치고 올라가기에 숨이 턱 밑까지 차오르는 깔딱고개라 할만하다. 이럴 줄 알았으면 1~2코스를 이어서 걸어볼까 하는 생각도 들지만 상급 난이도 코스 2개를 연속으로 주파하는 것도 쉬운 일은 아니다.

그나마 초반 힘들었던 수락산 구간에 비해 뒤쪽 불암산 둘레길은 훨씬 편하다. 도봉산이 바라보이는 전망도 이쪽이 더 좋기에 여정은 여유롭게 마무리된다. 서울둘레길이 대부분 종주 코스임에 반해 2코스는 유일하게 출발지로 되돌아오는 왕복 코스다. 수락산에서 시작해서 덕릉고개를 지나 불암산을 거쳐서 상계나들이 철쭉동산 쪽으로 내려오게 된다.

역사 정보

2코스가 시작되는 지점의 지하철 4호선 불암산역의 원래 명칭은 당고개역이었다. 당고개는 미륵당과 서낭당이 있는 고개라는 뜻으로 실제 당고개역에 내리면 주변에 무당 기를 세운 신당을 쉽게 볼 수 있다. 현대에 들어와서 당고개라는 지하철 역명이 무속신앙에 대한 거부감을 불러일으킨다는 이유로 2024년 10월 31일 자로 불암산역으로 변경되었다.

즐길 거리

4월 중순, 철쭉 개화 시기가 되면 '불암산 철쭉제'가 개최된다. 이 시기에 상계나들이 철쭉동산을 거쳐 불암산 전망대와 불암힐링타운까지 이어서 걸어가면 말 그대로 원 없이 철쭉을 보게 될 것이다. 매년 20만 명이 찾는 인기 축제로 다양한 공연과 체험 행사, 푸드트럭 운영 등 풍부한 콘텐츠를 즐길 수 있다.

주차 정보

수락산 당고개지구 공원주차장 덕암정 옆. Ⓦ 무료 🏠 노원구 상계동 산152-33

서울둘레길 3코스

부처를 닮은 산에 안기다
불암산 코스

서울둘레길 3코스는 상계나들이 철쭉동산에서 화랑대역까지 6.9km 구간이다. 바위로 이뤄진 불암산의 골짜기를 넘나드는 것은 변함없지만 1, 2코스보다 훨씬 완만하여 이제야 둘레길다운 길을 걷게 된다. 남근석과 여근석에 깃든 신비로운 이야기를 나누며 유유자적 부담 없이 산책해보자. 낮은 전망대에서 바라보는 도심의 모습도 특별하다.

MAIN SPOT

① 불암산전망대

산길을 걷다 보면 단정하게 정리된 공원과 마주하게 되는데, 이곳이 불암힐링타운 꼭대기에 있는 불암산전망대다. 불암산의 봉우리들과 제대로 마주할 수 있는 곳으로 서울둘레길에서 최초로 엘리베이터가 설치된 전망대다.

② 넓적바위

북쪽에 당당했던 남근바위 대신 남쪽에는 여성을 상징하는 넓적바위기 자리 잡고 있다. 풍요와 다산을 상징하는 이곳에는 많은 사람이 찾아와 출산과 무병장수 등을 기원하던 영험한 장소였을 것이다.

COURSE MAP

거리 7.5km 소요 시간 약 2시간 34분 상승 고도 254m

- 불암산역 출발
- 상계나들이 철쭉동산 인증스탬프
- 남근바위
- ① 불암산 전망대
- ② 넓적바위
- 불암산 정상 갈림길
- 아래쪽 전망대
- ③ 불암산 백세문
- 화랑대역 인증스탬프 도착

구간 난이도
- 쉬움
- 보통
- 어려움

고도 가이드

MORE INFO

찾아가기

IN 불암산역 1번 출구에서 건널목을 건너 직진한 다음 다시 한번 건널목을 건너 경희한의원 골목으로 들어간다. 출발지에서 상계나들이 철쭉동산 인증스탬프까지는 500m 거리다.

OUT 6호선 화랑대역 4번 출구

코스 정보

3코스는 서울둘레길 21코스를 통틀어서 가장 밸런스가 좋은 코스다. 불암산역에서 출발지점까지 이동하는 거리가 더해져 실제 걷는 길이는 7.5km가 된다. 불암산 서측을 따라서 북에서 남쪽으로 걷게 되어있다. 철쭉동산에서 시작된 코스는 딱 한 번 해발 173m까지 올라갈 뿐 계속해서 공원을 이어 걷는 듯 편안하다. 이마저도 마지막 전망대를 벗어나면 등산로가 아닌 임도길을 따라서 공릉산백세문까지 이동하게 되어 있다. 3코스를 걷다 보면 사람의 손을 탄 공원과 자주 만나기에 대접받는 느낌도 든다. 잘 다져진 오솔길을 따라 걷다 보면 남근 모양의 기이한 바위도 마주하게 되고 곧게 뻗는 소나무 군락지도 지나가게 된다. 나무와 돌의 변화까지 감지할 수 있게 된 것은 쉬운 길 덕분에 마음에 여유가 생겼기 때문일 것이다.

주차 정보

당고개위 노상공영주차장 불암산역 1번 출구 맞은편에 위치. ⓦ 60분당 3,120원 ⓞ 노원구 상계동 111-567

③ 불암산백세문

깊은 골짜기 등산로를 벗어나 어느새 가지런한 임도길을 걷다보면 불암산백세문과 만나게 된다. 3코스는 이곳에서 종료되지만 또 다른 불암산 둘레길과 등산로가 시작되는 곳이다. '화랑로'를 따라 그대로 가면 화랑대역이다.

서울둘레길 4코스

북한산 능선을 마주하는
망우·용마산 코스

서울둘레길 4코스는 화랑대역에서 깔딱고개 쉼터까지 7.7km의 구간을 말한다. 중랑캠핑숲과 망우산을 오르내리기 때문에 상승 고도도 높다. 다만 길이 편해서 힘들게 느껴지지 않는 가성비 좋은 코스다. 코스 후반 지점에 있는 중랑전망대에서 마주 보는 북한산 풍경은 둘레길을 통틀어서 가장 장쾌하다. 그 모습을 바라만 보고 있어도 걱정과 근심이 사라지는 기분이다.

MAIN SPOT

① 중랑캠핑숲 입구
묵동천을 따라 걷다가 신내역을 지나고 만나게 되는 초록 숲이다. 이곳은 예쁜 산책로와 47면의 오토캠핑장이 운영되고 있어 도심 속 힐링 공간이 되어준다. 바비큐장은 당일치기로도 이용할 수 있어 좋다.

② 망우역사문화공원
일제강점기부터 공동묘지로 쓰여 40년간 47,700여 기의 묘지가 있던 곳으로 현재는 '망우역사문화공원'이란 이름을 달고 산자와 망자가 함께 어우러지는 공간으로 거듭났다. 유관순 열사를 비롯한 독립운동가들의 묘지가 조성되어 있다.

COURSE MAP

📍 거리 9.7km　⏱ 소요 시간 약 2시간 45분　⛰ 상승 고도 260m

- 화랑대역 인증스탬프 (출발)
- 묵동천 두물다리
- 신내어울림공원 인증스탬프
- 신내LPG충전소
- ① 중랑캠핑숲 입구
- ② 망우역사문화공원
- 신내암
- ③ 중랑전망대
- 깔딱고개 쉼터 인증스탬프
- 사가정시장
- 면목시장
- 사가정역 (도착)

구간 난이도
- 🟩 쉬움
- 🟦 보통
- 🟪 어려움

고도 가이드

MORE INFO

찾아가기
IN 6호선 화랑대역 4번 출구에서 맞은편으로 건너가면 공릉동근린공원 초입에 인증스탬프가 있다.
OUT 4코스가 끝나는 깔딱고개 쉼터에서 가장 가까운 지하철역은 7호선 사가정역이다. 내리막길로 약 1.7km 거리다.

코스 정보
서울둘레길 4코스는 높이가 해발 229m에 달하기는 용마산 깔딱고개에서 종료된다. 따라서 여력이 된다면 5코스 아차산 구간까지 한 번에 주파하는 것도 방법이다. 4코스 종점인 용마산 깔딱고개에서 마무리한다면 사가정역까지 급경사 구간을 2km가량 더 내려와야 한다.

지명 유래
망우(忘憂)라는 지명에는 사연이 있다. 때는 조선시대, 태조 이성계가 구리 건원릉을 능지로 지정하고 환궁하던 중이었다. 망우리고개에 이르러 감정이 북받쳤는지 '내가 이 땅을 얻었으니 이젠 근심을 잊을 수 있겠다'라며 경탄을 한데서 근심을 잊는다는 뜻의 망우가 유래되었다.

주차 정보
화랑대역 환승주차장 출발지에서 180m 거리. ⓦ 5분당 80원 🏠 중랑구 묵동 29
화랑대 철도공원 주차장 출발지에서 800m 거리. ⓦ 무료 🏠 노원구 공릉동 29-16

③ 중랑전망대

2023년 12월, 시설을 4배 이상 확장하면서 넓어진 전망대에서 완전히 새로운 풍경을 감상할 수 있게 되었다. 전망대 맞은편으로는 북한산 보현봉에서 백운대를 지나 도봉산까지 파노라마처럼 펼쳐진 능선이 장관을 이룬다. 손가락으로 가장 높은 백운대를 가리키는 인생샷을 남길 수 있는 절호의 기회를 얻어보자.

> 서울둘레길 5코스

서울 최고의 뷰맛집
아차산 코스

아차산 구간은 어느 둘레길보다 만족스러운 최상의 조망 코스라 할 수 있다. 좌측으로는 시원한 한강이 펼쳐지고 우측으로는 도심의 전경이 아른거린다. 능선을 따라 촘촘하게 배치된 옛 고구려의 보루들은 그 자체가 탁 트인 전망대가 된다. 해맞이광장에 다다르면 마주 보이는 롯데월드타워의 모습이 시시각각 고도를 달리하며 손에 잡힐 듯이 가까워진다.

MAIN SPOT

① 용마산 깔딱고개

5코스 시작과 함께 마주하게 되는 570개 계단의 깔딱고개는 용마산 최고의 난코스다. 용마산의 7부 능선 즈음에서 시작되어서 더욱 힘들게 느껴진다.

② 아차산 정상 3보루

해발 300m가 채 되지 않는 이 낮은 산은 과거 한강 유역을 치지하기 위해서 고구려, 백제, 신라의 치열한 각축장이었다. 아차산 정상의 군사기지는 이제 360도 벗신 전망을 감상할 수 있는 전망대가 되었다.

COURSE MAP

거리 6.2km　소요 시간 약 2시간 33분　상승 고도 368m

사가정역 출발
사가정공원
용마산 5보루
용마산 깔딱고개 (인증스탬프) ①
아차산전망대
아차산 4보루
아차산 정상 3보루 ②
아차산 5보루
아차산 1보루
해맞이광장 ③
아차산 휴게소
아차산 인증스탬프
광장초등학교
광나루역 도착

구간 난이도
- 쉬움
- 보통
- 어려움

고도 가이드

MORE INFO

찾아가기
IN 7호선 사가정역 2번 출구에서 베스킨라빈스 쪽 횡단보도를 건너서 직진한다. 500m 정도 오르면 '용마한신아파트 사거리'가 나오는데 다시 한번 횡단보도를 건너가면 사가정공원으로 진입하게 된다.
OUT 5호선 광나루역 2번 출구

코스 정보
서울둘레길 5코스는 깔딱고개 쉼터에서 광나루역까지 4.6km의 구간을 말한다. 사가정역에서 출발한다면 총 이동 거리는 6.2km로 늘어난다. 이 경우 약 1.7km의 오르막 구간이 더해지기 때문에 총 상승 고도는 368m에 달한다. 둘레길 홈페이지에서는 중급으로 분류하고 있으나 체감되는 난이도는 상급 코스와 견줄만하다. 일단 능선에 올라서면 그다음부터 코스는 평이해진다. 강-중-약으로 뒤로 갈수록 쉬워지는 구조다. 중간중간 암릉 구간을 통과하기에 산을 타는 재미도 느낄 수 있다. 길이는 짧지만 볼거리가 풍부한 흥미로운 코스다.

역사 정보
용마산과 아차산 일대에는 능선을 따라서 고구려시대에 쌓은 보루들이 일렬로 늘어서듯 배치되어 있다. 고구려의 온달장군이 이곳 어디선가 전사한 것으로 알려져 있다. 둘레길은 이 보루들을 하나씩 스치듯이 둘러보며 지나간다. 보루 주변으로는 시야를 가리는 나무가 없어 환상적인 조망이 가능하다. 그중에서도 아차산 정상에 있는 3보루는 성벽의 둘레가 450m에 달할 정도로 가장 규모가 크다. 참고로 신라가 축성한 것으로 알려진 아차산성은 둘레길에서 약간 벗어난 곳에 있다. 현재 발굴 조사 중이라 관람은 불가하다.

③ 해맞이광장

아차산 남쪽으로 능선을 따라 내려오면 새해 일출 명소로도 잘 알려진 해맞이광장에 다다른다. 정면으로 한강과 초고층 빌딩의 롯데월드타워가 마주 보이기에 최고의 전망 지점으로 꼽히며 항상 사람들로 붐빈다. 어울림공원 초입에서 약 1km 거리에 불과하기에 초보자들에게 인기 있는 등산 코스이자 데이트 장소다.

서울둘레길 6코스

강과 산 그리고 유적지를 만나는
고덕산 코스

6코스는 광진교를 통해 한강을 건너 선사시대의 흔적이 남아 있는 암사유적지로 향한다. 삼국시대에서 선사시대로 그리고 다시 고려의 충신 이양중의 절개가 담겨 있는 고덕산까지 이어진다. 대단한 풍광은 아니지만 짧은 코스에 시대를 초월한 풍성한 이야기들을 만날 수 있어 흥미로운 여정이 될 것이다.

MAIN SPOT

① 광진교 8번가

보행자 중심 교량으로 바뀐 광진교 아래에는 자전거도로와 보행자길 그리고 광진교8번가라는 돌출전망대가 있다. 세계에서 세 번째로 유일한 다리 아래 전망대로 서쪽으로 보이는 노을과 서울의 야경이 특히 아름답다.

② 암사동 선사유적지

기원전 4,000년경에 선사인들이 모여 살았던 흔적과 빗살무늬토기가 발굴된 곳으로 선사마을이 재현되어 있다. 능수버들이 빼곡하게 우거진 공원 속에 복원된 움집들이 마치 시간여행을 온 것 같은 감흥에 빠지게 한다.

COURSE MAP

🗺 거리 9.3km　⏱ 소요 시간 약 2시간 51분　⛰ 상승 고도 280m

구간 난이도
- 쉬움
- 보통
- 어려움

MORE INFO

찾아가기
IN 5호선 광나루역 1번 출구로 나오면 안내표지가 보인다. 맞은편 건널목을 건너 좌회전한다. 첫 번째 인증스탬프는 광진교 북단에 있으며 출발지로부터 500m 거리다.
OUT 종점에서 가장 가까운 지하철은 5호선 고덕역 4번 출구다. 종점 맞은편(이마트 방향) 건널목을 건너 200m 거리에 있다.

코스 정보
6코스는 광나루역 1번 출구에서 명일근린공원 인증스탬프까지 9.3km의 구간이다. 전체 코스 중 평지 구간이 5.5km에 달하고 구간 최고봉인 고덕산의 높이도 100m가 채 안 된다. 초급 코스로 분류되어 있는데 의외로 총 상승 고도는 280m에 달한다. 후반부에 산길로 접어들면 작은 오르막이 쉴 새 없이 반복되는 까닭이다. 서울둘레길은 주로 이어진 산길을 걷게 되는데 6코스는 한강 다리를 건너 강변과 선사유적지 주변 그리고 작은 산들을 넘나들게 되어 길을 찾는 수고가 조금 필요하다.

지명 유래
고덕산 정상의 높이는 해발 86m에 불과하다. 이 정도 높이의 야산 중에는 이름 없는 곳도 허다하지만, 이곳에는 고덕高德이라는 고매한 이름이 있다. 이는 고려시대의 충신 이양중이 나라가 망하자, 이 일대에서 은둔생활을 했던 것에서 유래되었다. 그는 조선왕조의 벼슬을 사양하고 고려의 신하로 남았기에 고매한 인격과 덕성을 칭송받게 된 것이다.

역사 정보
아차산성이 마주 보이는 이 일대 강변은 삼국시대보다 훨씬 이전부터 사람들이 모여 살았던 풍요의 땅이었다. 암사동을 한국에서 가장 오래된 마을이라 부르는 이유이기도 하다.

주차 정보
광진구민체육센터 주차장
이동 경로상에 위치해서 편리하지만 주차장이 협소하다. ⓦ 10분당 500원 📍 광진구 구천면로2

③ 고덕동 고인돌
고덕산은 한강과 맞붙어 있어서 강변의 수려한 풍경을 감상하기 좋다. 더불어 선사유적지와도 가까운 탓에 청동기 것으로 추정되는 1, 2호 고인돌도 만날 수 있다. 기둥 역할을 했던 받침돌은 보이지 않고 덮개만이 덩그러니 놓여 있다.

서울둘레길 7코스

강동그린웨이를 걷다
일자산 코스

둘레길이란 말과 딱 맞아떨어지는 코스다. 시작과 동시에 명일산 자락과 일자산 능선을 이어서 걷게 되지만 둘 다 해발 100m 내외의 나지막한 산이라 난이도는 무난하다. 산도 아니고 들도 아닌 땅을 비산비야非山非野라 부르는데 이번 코스가 딱 그런 형국이다. 고려시대 대학자가 숨어 살았다는 일자산의 은신처와 방이동 습지의 존재가 흥미로운 곳이다.

MAIN SPOT

① 해맞이광장

편안히 산책하기 좋은 강동그린웨이를 지나면 남북으로 5km 길이로 길게 이어지는 일자산을 만나게 된다. 해발 130m 정상에 오르면 해맞이광장이 맞이한다. 강동구와 경기도 하남시의 경계를 이루는 곳이다.

② 둔굴

고려의 선비였던 이집 선생은 신돈의 박해를 피해서 이곳에 있는 둔굴에 은거했다고 한다. 둘레길에서 살짝 벗어난 지점에 있어서 그냥 지나치기 쉽다. 쉼터에서 아래쪽으로 30m 정도 내려가야 작은 은신처를 발견할 수 있다.

COURSE MAP

📍 거리 8.7km　⏱ 소요 시간 약 2시간 32분　⛰ 상승 고도 255m

출발 - 고덕역 - 명일공원 인증스탬프 - 강동 그린웨이숲길교 - 트리하우스 - 초이휴캠핑장 - 일자산 산스장 - 해맞이광장 - ① - ② 둔굴 - ③ 방이생태학습관 (인증스탬프) - 도착 올림픽공원역

구간 난이도
- 🟩 쉬움
- 🟦 보통
- 🟪 어려움

고도 가이드

MORE INFO

찾아가기
IN 5호선 고덕역 4번 출구로 나와 건널목을 건너면 명일공원 인증스탬프가 보인다.
OUT 5·9호선 올림픽공원역 2번 출구까지 약 600m 거리다.

코스 정보
둘레길 7코스는 공식적으로 명일근린공원에서 오금1교까지 7.7km 구간이다. 이때 지하철역에서 오고 가는 거리를 추가하면 1km 정도 더 늘어난다. 후반 2.3km는 평지고 그중에서 방이동 생태경관보전지역을 지나가는 약 600m 구간은 비포장이다. 너무 어렵지도 또 너무 쉽지도 않은 숲길을 이어 걷게 된다. 다만 인근에 방이 습지가 있는 탓에 비나 눈이 오고 나면 물이 잘 빠지지 않아 상당히 질척거린다. 명일산 자락을 지나 일자산 능선으로 올라서면 가장 먼저 보이는 것은 숲속 헬스장인 일명 산스장이다. 이 노천 운동시설은 누구나 이용할 수 있다. 동네마다 그 규모를 달리하는데 일자산은 서울 시내에서도 손에 꼽을 정도다.

지명 유래
일자一字산의 이름은 남북으로 길게 뻗은 산의 모양새 때문에 붙여졌다. 7코스는 일자산의 능선을 따라 길게 이어져 있는데 중쯤 왔을 때 해맞이 장소라는 곳에 도착한다. 이곳이 일자산의 정상으로 다만 정상 표지석 대신 둔촌 이집 선생의 <후손에 이르는 말씀>이라는 시비가 서 있다. 고려의 명망 있는 선비였던 이집 선생은 신돈의 박해를 피해서 이곳에서 굴을 파고 은거했던 것으로 알려져 있다. 시골에 은거하다는 뜻의 둔촌遁村이라는 선생의 호는 이런 연유에서 유래되었으며 둔촌동이라는 지명이 만들어지는 계기가 되었다.

주차 정보
명일파출소 공영주차장 명일근린공원에서 200m 거리. Ⓦ 30분당 1,320원 Ⓐ 강동구 명일동47-9
이마트 명일점 주차장 Ⓦ 3만 원 이상 구매 시 3시간 무료

③ 방이생태학습관

서울의 경계이자 그린벨트 지역인 이곳은 방이 습지라는 숨겨진 보석 같은 공간을 품고 있다. 인증스탬프가 설치된 방이생태학습관 쪽 출입구를 통해서 입장할 수 있으며 습지 주변으로 데크가 설치되어 있고 둘러보는 데는 한 시간 정도 소요된다.

서울둘레길 8코스

장지·탄천 코스

물길 따라 꽃길 따라

성내천의 여유로움과 장지천의 화사함 그리고 탄천의 시원스러움이 어우러진 완벽한 산책 코스다. 매년 봄이 오면 벚꽃길로 변신해 상춘객들로 인산인해를 이룬다. 장지공원에서 반겨주는 짧은 숲길과 임경업 장군의 설화 속 장사바위와 장사약수를 실제로 만나는 소소한 즐거움도 누릴 수 있다. 오랜만에 산에서 벗어나 유유자적한 물길을 거닐어보자.

MAIN SPOT

❶ 성내천 물빛광장

올림픽선수촌아파트에서 시작된 코스는 성내천 상류를 향해 나아간다. 하천의 폭이 조금씩 좁혀지다가 성내천 물빛광장에서 여유롭게 기지개를 켠다. 느티나무와 벚나무가 어우러진 이곳은 늘 사람들로 북적여 활기차다.

❷ 장지근린공원

성내천에서 장지천으로 넘어가는 구간에 만나는 장지근린공원은 수도권 제1순환고속도로 변을 따라 북에서 남으로 길쭉하게 뻗어있다. 공원 중간중간에 메타세쿼이아 숲길과 스트로브잣나무가 맞아준다.

COURSE MAP

거리 9.5km　소요 시간 약 2시간 20분　상승 고도 194m

[코스 지도: 올림픽공원역(출발) → 방이동 생태경관보전지구 → 푸드트럭 → 성내천 물빛광장 ① → 성내3교에서 수변길 이탈 → 장지근린공원 ② → 장사바위(장사약수) → 글마루도서관 → 생태다리 → 장지탄천 합수부 → 광명교 인증스탬프 ③ → 수서역(도착)]

구간 난이도
- 쉬움
- 보통
- 어려움

고도 가이드

MORE INFO

찾아가기
IN 5호선 올림픽공원역 2번 출구로 나오면 바로 안내표지가 보인다. 아파트단지 안쪽으로 들어가 성내천을 만나면 남쪽으로 내려간다. 출발 지점인 오금1교까지는 약 600m 거리다.
OUT 3호선 수서역 5번 출구

코스 정보
8코스는 오금1교에서 수서역까지 8.6km 구간이다. 올림픽선수촌역에서 출발지까지 가는 거리가 추가되면 실제로는 걷는 거리가 9.5km로 늘어난다. 시작과 동시에 성내천을 따라가게 된다. 이후 도심 구간을 관통해서 장지근린공원과 장지천 그리고 탄천을 이어 걷는다. 성내천에서 장지천까지 중간에 숲길이 단절되기 때문에 길을 잘 찾아다녀야 한다. 특히 성내3교에서 잘 빠져나와야 한다. 장지공원 구간만 야산을 통과하고 나머지는 대부분 평지 구간이라 난이도는 평이하다.

즐길 거리
성내천 벚꽃길 성내천과 장지천은 벚꽃길이 아름답기로 유명하다. 성내천 상류에서 가장 벚꽃이 풍성한 곳은 성내3교부터 마천동까지다. 장지천은 송파파인타운 10단지에서 탄천 합수부까지 약 1km 거리가 벚꽃 밀집 구간이다. 둘레길은 천변 아래쪽이지만 이 시기에는 둑방 위로 올라가서 벚꽃 터널 안으로 걸어갈 것을 추천한다.

지명 유래
장사바위 장지근린공원을 지나다 보면 매끈하고 널찍한 바위를 만나게 된다. 장사바위라고 불리는 이 돌은 병자호란의 맹장인 임경업 장군이 이 위에서 휴식을 취했기에 붙여진 이름이라고 한다. 장사바위 인근에는 임경업 장군이 마셨다는 샘물도 있는데 이는 장사약수라고 불린다.

③ 광명교 인증스탬프

탄천으로 접어들면 강폭이 제법 넓어진다. 강 반대편 수서로 넘어가려면 광명교 아래 인도교를 이용하면 된다. 광명교 서측에 있는 인증스탬프 주변으로는 저녁이면 조명이 들어와서 둘레길 스탬프 중에서 가장 낭만적이다.

주차 정보
올림픽공원 동2문 주차장 출발지에서 가장 가까운 공영주차장이다. ⓦ 30분당 1,800원
🏠 송파구 올림픽로 424

서울둘레길 9코스

강남을 가로지르는 작은 산맥
대모·구룡산 코스

도심 한복판에서 한바탕 호되게 땀을 빼는 코스다. 대모산에서 구룡산까지 이어지는 약 10km 거리의 둘레길은 강남을 가로지르는 작은 산맥을 종주하는 것 같다. 중간중간 마주하는 약수터는 여행자의 휴게소가 된다. 목적지인 매헌시민의숲에는 나라를 위해 영면하신 의인들과 희생자들의 넋이 서려 있다. 잠시나마 매헌의 생애를 추모하며 여정을 마무리한다.

MAIN SPOT

① 쌍봉약수터

둘레길은 산의 허리를 감아가며 서쪽으로 나아간다. 중간중간 정상으로 향하는 등산로와 만나는 자리에는 어김없이 약수터가 있다. 약수터 입구 쪽에 수질 검사표가 붙어 있으니 음용 가능 여부를 확인하고 마시자.

② 소망탑전망대

대모산의 정상에 가장 가까워졌을 즈음 돌무더기가 쌓여 있는 천망내를 만나게 된다. 굴뚝 같기도 하고 종 같기도 한 형상의 이 돌탑은 한 시민이 20년의 세월 동안 건강을 염원하는 마음을 담아 쌓아온 것이라 한다.

COURSE MAP

MORE INFO

찾아가기
IN 3호선 수서역 6번 출구에서 60m 정도 직진하면 버스정류장이 나오고 이곳이 대모산으로 진입하는 출입구다. 대모산 인증스탬프도 이곳에 있다.
OUT 종점에서 약 200m 거리에 신분당선 양재시민의숲역 1번 출구가 있다.

코스 정보
둘레길 9코스는 수서역에서 양재시민의숲역까지 약 10.7km의 구간이다. 시작과 동시에 대모산 능선을 타고 오르게 된다. 오르막은 돌탑전망대를 지나 약 3km까지 이어지는데 이 구간이 가장 힘들다. 이후에도 계속해서 오르막과 내리막이 반복되는 산길이 계속되는 까닭에 총 상승 고도는 426m에 달한다. 서울둘레길 공식 홈페이지에서도 9코스를 가장 난이도가 높은 상급 코스로 소개하고 있다. 구룡산으로 넘어왔어도 난이도는 비슷하다. 염곡동에 도착할 때까지 산길은 계속된다. 이후 평지로 내려와서 여의천을 지나 공원에서 마무리된다.

둘레길 정보
서울둘레길 안내센터 9코스가 끝나는 매헌시민의숲에는 스탬프북과 코스 지도를 받을 수 있는 안내센터가 있다. 전체 코스를 완주한 뒤에 완주인증서와 기념품도 받을 수 있다. ⏰ 09:00~18:00 📍 서울 도봉구 마들로 916 방문자센터 1층 ☎ 070-4465-7905
매헌윤봉길의사기념관 매헌시민의숲 안에는 윤봉길 의사를 기리기 위해서 조성된 매헌윤봉길의사기념관도 있다. 윤봉길 의사에 관한 다양한 소장품과 그의 업적이 일대기 순으로 전시되어 있다. ⏰ 10:00~18:00(월요일 휴무) ☎ 02-578-3388

주차 정보
수서역 공영주차장 수서역 1번 출구 앞. ₩ 5분당 320원 📍 강남구 수서동 735

③ 불국사
단출해 보이는 이 사찰은 고려 공민왕 시기까지 거슬러 올라가는 역사를 갖고 있다. 창건 당시 아랫마을 농부가 밭을 갈다가 돌로 만든 부처님이 나와 절을 짓고 모셨다고 전해진다. 이곳의 약사보전에는 고려시대 것으로 추정되는 석불좌상이 모셔져 있다. 금불상이 아닌 흰색의 불상들이 이색적인 분위기를 풍긴다.

서울둘레길 10코스
소가 누워 쉬는 듯한 고즈넉한 숲길
우면산 코스

MAIN SPOT

① 우면산 무장애숲길

소가 잠들고 있다는 이름의 우면산은 사람 손길을 많이 타서 순하고 거칠지 않다. 깊은 숲길을 지나 예술의전당을 관통할 때 그 정점을 맞이한다. 숲과 도시의 경계를 절묘하게 따라가는 둘레길은 한적한 숲길과는 또 다른 매력이 있다. 우면산을 남에서 북으로 그리고 다시 동에서 서로 넘나들면서 걷기 때문에 은근히 힘든 코스다.

양재시민의숲에서 시작된 코스는 우면산 남측에서 무장애숲길과 합류한다. 중간중간 둘레길과 만났다가 헤어지기를 반복하기 때문에 무장애 데크길을 무작정 계속 따라가면 안 되고 중간에 서울둘레길 표지판을 잘 확인하자.

COURSE MAP

MORE INFO

찾아가기
IN 신분당선 양재시민의숲 5번 출구에서 100m 정도 직진하면 건널목이 나온다. 서울둘레길 안내표지를 따라서 길 건너 공원으로 진입하면 된다.
OUT 종점에서 약 100m 거리에 3호선 사당역 4번 출구가 있다.

코스 정보
서울둘레길 10코스는 양재시민의숲역에서 사당역까지 약 7.6km 구간이다. 출발지인 양재시민의숲역에서 매헌시민의숲을 남에서 북쪽으로 가로지른다. 중간에 매헌 다리를 건너 우면근린공원까지 이동한다. 우면산으로 오르는 산길은 이곳에서부터 시작된다.

양재시민의숲역 공영주차장 둘레길 시점에서 가장 가까운 주차장이다. 양재시민의역 1번 출구에서 바로 연결된다. ⓦ 5분당 250원 🏠 서초구 양재동 237-2

② 사방댐
예술의전당을 지나 산의 서측으로 들어서면 유난히 자주 눈에 뜨이는 구조물들이 있다. 사방댐이라 불리는 이 시설은 산에서 내려오는 물의 흐름을 통제하고자 만들어졌다. 2011년 발생한 우면산 산사태의 여파로 조밀하게 설치됐다.

③ 소망탑
둘레길에서 만나는 가장 높은 지점은 해발 180m 지점에 있는 소망탑이다. 293m의 정상에 군사시설이 있어 이를 대체해서 조성한 전망대 명칭도 소망탑이다. 이렇게 우면산에서는 소망탑이 랜드마크 역할을 한다.

> 서울둘레길 11코스

관악산 코스

'악' 소리 나는 바위산에 오르다

11코스부터는 600m급 고산준령에 들어선다. 산이 높으면 둘레길에서 느껴지는 기세도 달라지고 마주하는 소나무들의 기품에도 차이가 난다. 코스 길이는 서울둘레길 21코스 중에서 가장 짧지만 악산 중의 악산으로 꼽히는 관악산을 둘러 가기에 난이도는 만만치 않다. 오르락내리락 급변하는 코스에 짜증이 날 법도 하지만 중간중간 나타나는 전망대에서 숨통이 트인다.

MAIN SPOT

① 관음사

신라 진성여왕 때 도선국사가 창건하였다. 여러 차례 중건과 중축을 반복하여 오늘날에 이르렀다. 과거 사찰 아래에는 승방벌이라는 마을과 승방교라는 다리가 있었다고 전해져 그 규모를 짐작해볼 수 있다. 국기봉으로 올라가는 등산로의 시점이 된다.

② 무당골전망대

관악산을 오르다 보면 중간중간 시야가 터진 곳에 전망대들이 있어 고행의 여정에 숨통을 틔워준다. 맨 처음 만나는 전망대는 무당골이라 불린다. 이곳에서는 사당동 시내와 강 건너 남산까지 정면으로 마주 보인다.

COURSE MAP

- 거리 6.3km
- 소요 시간 약 2시간 29분
- 상승 고도 307m

구간 난이도
- 쉬움
- 보통
- 어려움

MORE INFO

찾아가기
IN 사당역 5번 출구에서 120m 정도 직진하다가 제일부동산이 있는 골목으로 우회전해서 들어간다. 남현동 유아숲을 지나 관음사 인증스탬프까지 약 1km 거리다.
OUT 11코스 종점에서부터 신림선 관악산역 1번 출구까지 약 70m 거리다.

코스 정보
11코스는 사당역 갈림길에서 관악산공원까지 5.7km 구간이다. 출발과 종료 지점에서 지하철역까지 오고 가는 거리를 합하면 실제로 걷는 거리는 약 6.3km가 된다. 코스 길이만 놓고 본다면 서울둘레길 21개 코스 중에서 가장 짧다. 이렇게 거리가 짧다고 해서 방심해서는 안 된다. 차라리 이럴 거면 연주대까지 한 번에 치고 올라가는 게 낫겠다는 생각이 들 정도다. 짧지만 굵고 화끈한 코스다. 둘레길은 낙성대공원에서 잠시 평지와 만났다가 관악산 입구 쪽으로 가기 위해서 마지막으로 한 번 더 나지막한 언덕을 넘어간다.

지명 유래
낙성대(落星垈)는 말 그대로 별이 떨어진 자리라는 뜻이다. 강감찬 장군이 이곳에서 태어났을 때 하늘에서 큰 별이 떨어졌다고 하여 붙여진 지명이다.

주차 정보
사당역 공영주차장 사당역 1번 출구에서 바로 연결된다. ⓦ 30분당 2,400원 📍 서초구 과천대로 950-18

③ 낙성대공원

관악산이 끝나는 길목에 낙성대공원이 자리하고 있다. 고려의 명장 강감찬 장군을 기리기 위해 만들어진 이곳에는 안국사라는 강감찬 장군의 사당도 있는데 고려시대 목조 건축 양식인 부석사의 무량수전을 본떠서 지어졌다. 단아한 공간에는 위인을 기리는 존경심으로 가득하다.

서울둘레길 12코스

풍수와 성지의 땅
호암산 코스

MAIN SPOT

① 보덕사

8km 남짓한 거리 안에 참 다양한 종교와 역사 이야기가 담긴 코스다. 천주교 신자가 아니더라도 이국에서 순교한 선교사들 앞에서는 가슴이 먹먹해질 것이다. 호랑이 기운을 누른다는 호압사의 창건 신화도 신비롭다. 성스러운 호암산에는 이렇게 흥미진진한 신화와 전설로 가득하다. 코스 내내 굵직굵직한 명소들이 많아 시간을 여유롭게 잡고 둘러보는 것이 좋다.

유독 많은 사찰을 만나게 될 12코스의 호암산 초입부터 정갈하고 아담한 절이 반겨준다. 입구를 지키는 사대천왕이 별도의 누각 없이 야외에 있고 금동불상도 마당에 있는 독특한 분위기의 사찰이다.

② 삼성산 성지

보덕사에서 호압사로 가는 길가에는 천주교 삼성산 성지라는 작은 푯말이 세워져 있다. 기해박해 때 순교한 성인 3인이 모셔져 있기 때문이다. 실제로 이곳에서는 주일 11시마다 미사가 집전된다.

③ 호압사

둘레길의 가장 높은 곳에 도착하면 만나게 되는 사찰이다. 정상으로 올라가는 등산로와 둘레길이 교차하는 로터리 같은 곳으로 사찰 옆쪽에는 인상 좋아 보이는 포대화상의 석상이 세워져 있다.

COURSE MAP

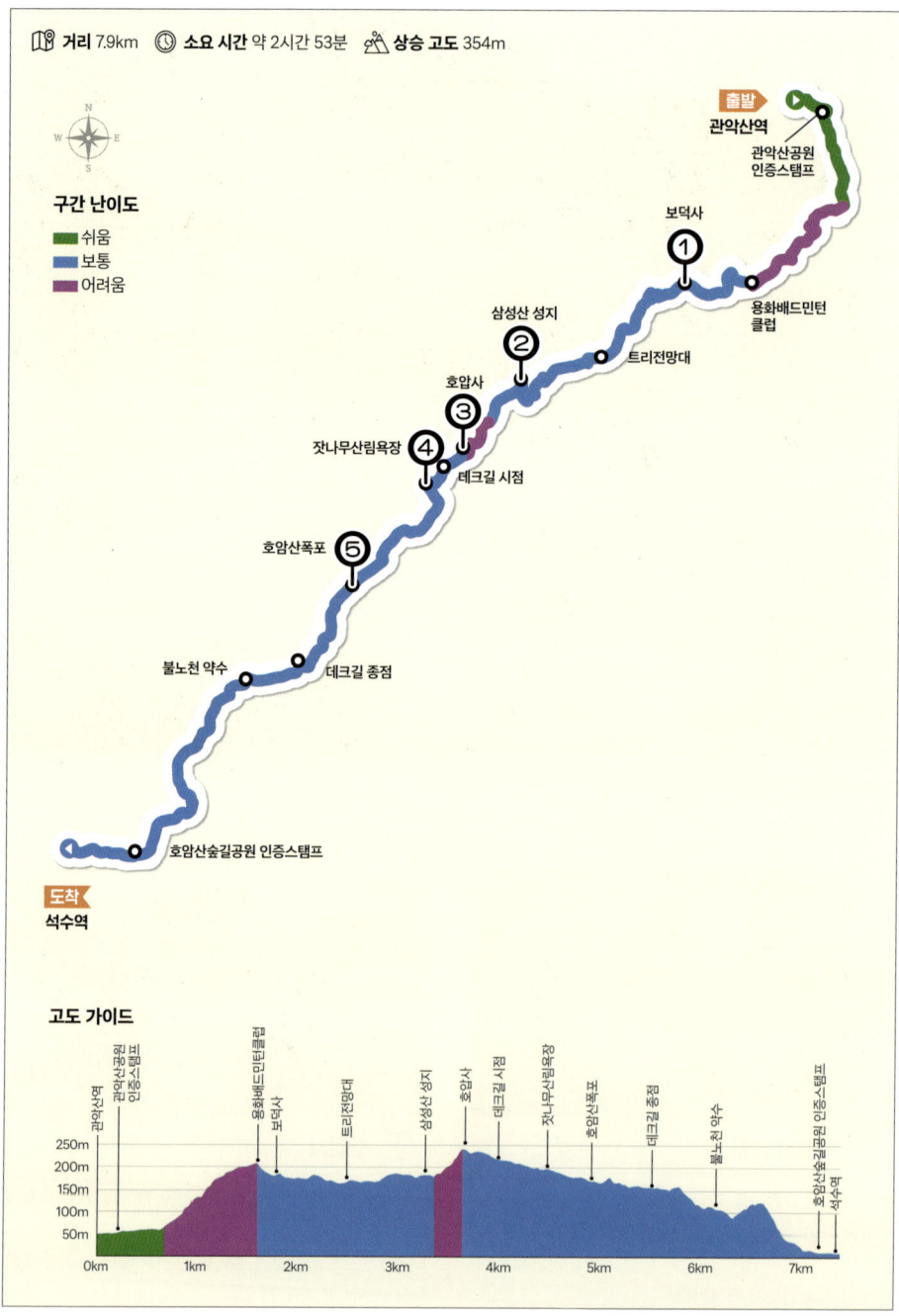

MAIN SPOT

④ 잣나무산림욕장

호암산의 서측은 시흥계곡을 끼고 있어 예로부터 경관이 좋기로 유명했다. 정갈하게 늘어서 있는 잣나무숲 사이를 무장애길이 가로지른다.

⑤ 호암산폭포

무장애길 끝자락에 이르면 만나게 되는 호암산폭포는 높이가 75m에 달해서 서울에서 가장 큰 인공폭포로 알려져 있다. 지하수를 끌어와서 흘려보내던 이 폭포는 최근 수자원 고갈로 물은 흐르지 않고 있는 상태다.

MORE INFO

찾아가기
IN 신림선 관악산역 1번 출구에서 관악산공원 쪽으로 120m 정도 오르면 폭포쉼터에 도착한다. 관악산공원 입구 인증스탬프도 이곳에 있다.
OUT 종점에서 1호선 석수역 1번 출구까지 약 400m 거리에 있다.

코스 정보
둘레길 12코스는 관악산공원 입구에서 호암산숲길공원까지 7.3km 구간이다. 호암산의 높이는 해발 393m로 이웃하고 있는 관악산에 비해 상대적으로 왜소해 보이지만 둘레길은 정상 인근 칠부 능선까지 찍은 다음 내려가기 때문에 난이도는 만만치 않다. 호압사까지 계속해서 치고 올라간 다음 석수역 쪽으로 급하게 내리막이 이어진다. 11코스의 관악산과 비슷한 정도의 난이도다. 둘레길 중에서 가장 많은 사찰과 종교 성지를 지나가는 코스이기도 하다.

지명 유래
삼성산三聖山이라고도 불리는 호암산虎巖山은 산세가 호랑이를 닮았다고 붙여진 명칭이다. 성주암을 거쳐 보덕사에 들렀다가 약수암을 지나 호압사로 이어진다. 이 산에 이토록 사찰이 많은 이유는 신라시대부터 불교의 성지로 여겨졌기 때문이다. 호암산의 남쪽으로는 원효, 의상, 윤필 세 명의 고승이 수행했다는 전설이 전해진다. 삼성산이라는 명칭도 이 세 분을 기리는 것에서 유래되었다. 호압사는 조선시대 무학대사가 창건한 사찰이다. 사찰의 이름인 호압虎壓은 말 그대로 호랑이를 누른다는 뜻이다. 관악산의 불의 기운과 삼성산의 호랑이 기운이 경복궁으로 들어오는 것을 막기 위해 호랑이 꼬리에 해당하는 지점에 일종의 비보 사찰을 지은 것이다.

주차 정보
서울대학교 노상주차장 서울대학교 정문으로 진입하면 종합운동장 주변으로 주차 공간이 마련되어 있다. 둘레길 시점에서 가장 가까운 곳이다. ⓦ 60분당 3,500원 ⓐ 관악구 신림동 서울대학교 정문

서울둘레길 13코스

벚꽃잎 흩뿌리는 둑방길 따라서
안양천 상류 코스

석수역에서 구일역까지 쭉 이어진 안양천을 따라 걷는 코스다. 총 8km 구간에 얕은 오르막길도 하나 없어서 동네 마실 가듯 편안하게 걸을 수 있다. 둘레길 양옆으로는 벚나무와 단풍나무들이 줄지어 있어서 계절별로 근사한 꽃길, 단풍길이 되어준다. 나무들이 제법 울창하게 자란 탓에 한여름에도 그늘이 드리워져서 사계절 내내 걷기에 안성맞춤이다.

MAIN SPOT

① 금천구청역

코스 초반에 걷게 되는 둑방길은 금천교가 밑을 따라가게 되는데, 옆으로는 1호선 전철과 KTX까지 지나가는 아주 독특한 풍경을 경험하게 된다. 금천구청역을 지나면서 코스는 선로들과 멀어지게 된다.

② 금천한내교

금천구청역을 지나고 곧이어 만나게 되는 보행자 전용 다리이다. 2021년도에 개통해 안양천의 대표적인 랜드마크로 자리매김했다. 일부 구간은 유리로 되어있어 아래를 내려다보는 스릴도 즐길 수 있다.

COURSE MAP

거리 8km 소요 시간 약 1시간 46분 상승 고도 62m

구간 난이도
- 쉬움
- 보통
- 어려움

도착 - 구일역 인증스탬프
③ 단풍나무길 시점
물놀이장
② 금천한내교
① 금천구청역
징검다리
기아대교 하단
출발 - 석수역 인증스탬프

고도 가이드

MORE INFO

찾아가기
IN 석수역 2번 출구
OUT 구일역 1번 출구

코스 정보
서울둘레길 13코스는 안양천 상류를 따라 석수역에서 구일역까지 이어지는 8km의 구간을 말한다. 전 구간이 평지라서 서울둘레길 21코스 중에서 가장 쉽다. 안양천을 가로지르는 교량을 만날 때마다 잠깐씩 오르내리는 번거로움이 있을 뿐 길을 찾는 수고로움도 없다. 하천을 따라가는 코스지만 예상외로 수목이 울창해서 하절기에도 제법 그늘이 드리워진다. 성인이라면 평균 4km 이상 속도가 나오는 구간이라 2시간 정도면 여유롭게 종주를 마칠 수 있다. 시점과 종점이 모두 지하철역과 맞닿아 있어 더욱 편리하다.

주차 정보
석수역 우측 공영주차장 석수역 인증스탬프에서 도보 100미터 거리. ⓦ 30분당 200원
🏠 안양시 만안구 석수동 423-4

③ **단풍나무길 시점**

안양천 둑방길은 같은 풍경이 이어지기에 짐짓 지루할 것 같으면서도 의외로 단순하지만은 않다. 벚나무가 좌우로 이어지다가, 좌는 단풍나무 우는 벚나무 이런 식으로 시시각각 바뀌기 때문이다. 가산디지털단지를 지나 구일역에 가까워지면 벚나무들은 사라지고 붉게 물든 단풍나무 터널이 반겨준다.

서울둘레길 14코스

벚나무 터널 지나 단풍나무길로
안양천 하류 코스

구일역에서 다시 시작되는 둑방길은 벚나무, 단풍나무 터널을 번갈아 지나가며 하류를 향해 나아간다. 길이는 10.2km지만 지하철역으로 들고나는 거리를 합하면 조금 더 늘어난다. 맨발 걷기에 진심인 사람이라며 도림천 이후부터는 신발을 벗었다가 다시 신기를 반복하게 될 것이다. 오르막 없는 편안한 길이 계속 이어지며 안양천합수부를 지나 잠시 한강과도 만난다.

MAIN SPOT

① 구로 댕냥이네

둘레길 시작하자마자 만나게 되는 서울시 반려동물센터다. 다양한 반려동물 수업을 진행하고 있으며, 넓은 반려견 놀이터도 갖추고 있다. 또한 아늑한 분위기에서 유기묘들과 시간을 보낸 후 입양까지 결정할 수 있는 고양이 입양카페도 운영되고 있다.

② 맨발 황톳길

안양천 좌안이 둑방길을 따라가던 둘레길은 도림천합수부를 지나면서 영등포구로 접어든다. 영등포는 맨발 걷기에 진심인 자치구다. 이곳에서부터 둘레길과 나란히 조성된 수많은 황톳길과 만날 수 있다. 세족장이 있어 편리하게 이용할 수 있다.

COURSE MAP

거리 10.3km   소요 시간 약 2시간 40분   상승 고도 130m

구간 난이도
- 쉬움
- 보통
- 어려움

고도 가이드

MORE INFO

찾아가기
IN 구일역 1번 출구
OUT 가양역 4번 출구

코스 정보

14코스는 안양천 하류 구간을 따라서 구일역에서 가양역까지 10.2km 거리가 된다. 13코스와 마찬가지로 안양천 둑방길을 따라서 이동하게 된다. 이 코스 역시 오르막 없이 평지 구간만 걷게 된다. 길이는 10km가 넘지만 3시간 이내에 부담 없이 주파할 수 있을 정도로 쉬운 코스다. 안양천합수부에서는 한강공원으로 들어선 뒤 서쪽을 향해서 진행한다. 염강나들목에서 가양3동 아파트단지로 진입한다. 이후 황금내근린공원을 따라서 가양대교 남단에 이른다.

주차 정보
안양천 둔치 주차장 구일역 인증스탬프에서 도보 300m ⓦ 무료 🏠 구로구 구로동 642-71

③ 안양천합수부

안양천은 하류로 내려갈수록 지천들과 합류하며 몸집을 키우다가 안양천합수부에서 한강과 만나 하나가 된다. 맞은편으로 노을공원이 마주 보이는 이곳은 한강으로 넘어가는 터닝포인트가 되는 의미 있는 장소다.

서울둘레길 15코스

메타세쿼이아 숲길을 걷다
노을·하늘공원 코스

15코스는 다양한 장소들을 지나간다. 그중에서도 가장 손꼽히는 구간은 노을공원에 있는 메타세쿼이아 숲길이다. 인파로 북적이지 않는 한적함까지 지니고 있어 금상첨화다. 이 호사스러운 발걸음은 문화비축기지까지 이어진다. 그곳에서 탱크들을 들락거리며 설치미술작품을 둘러보는 것도 즐겁다. 마치 북한산 자락으로 들어서기 전에 즐기는 마지막 여흥과도 같은 코스다.

MAIN SPOT

① 난지수변생태학습센터

가양역에서 시작된 코스는 곧바로 차들이 달리는 가양대교를 건너게 만든다. 다리를 건너 한강으로 내려와 제일 먼저 마주하는 곳이 난지수변생태학습센터다. 다양한 체험과 탐방 프로그램이 운영되고 있다.

② 시인의 거리

난지나들목에서 안쪽 길로 들어서면 노을공원과 하늘공원 곁으로 걷게 된다. 시인의 거리라고 불리는 이곳에는 1.6km에 달하는 메타세쿼이아 숲길이 조성되어 있으며, 숲길 주변으로 총 11종 35만 본의 꽃도 심겨 있어 발걸음을 응원해준다.

COURSE MAP

거리 8.5km 소요 시간 약 2시간 53분 상승 고도 164m

구간 난이도
- 쉬움
- 보통
- 어려움

고도 가이드

MORE INFO

찾아가기
IN 9호선 가양역 3번 출구에서 200m 정도 직진하면 가양대교 남단 인증스탬프에 도착한다.

OUT 종점에서 가장 가까운 지하철은 6호선 증산역이다. 2번 출구까지 약 200m 거리다.

코스 정보
15코스는 가양대교 남단에서 증산역 갈림길까지 7.7km의 구간이다. 문화비축기지가 있는 매봉산 자락으로 잠시 오르내리게 되지만 높이는 얼마 되지 않고 대부분 평지를 걷게 된다. 다양한 서울 풍경과 마주하면서 6코스에 이어 두 번째로 한강을 건너가게 되는데 이번에는 광진교와 달리 보행자 우선 교량이 아니기에 쾌적함은 덜하다. 다리를 오르내리고 공원과 공원을 이어 걸으며 다시 하천을 따라가기에 단절 지점마다 안내 표지를 잘 보고 코스 따라가야 한다.

즐길 거리

맹꽁이전기차 맹꽁이전기차는 하늘공원과 노을공원, 난지천공원을 오가는 이동 수단이다. 하늘공원과 노을공원 정상까지 올라가며 노을주차장과 노을캠핑장 사이도 왕복한다. 요금은 편도 2,000원, 왕복 3,000원이다.

주차 정보
가양역 공영주차장 가양역 3번 출구까지는 400m 거리다. 60분당 3,120원 ⓐ 강서구 가양동 1480-1

③ 문화비축기지

공원길이 끝나고 매봉산 자락에 들어서면 문화비축기지라는 공간을 만나게 된다. 1970년대 만들어진 마포 석유비축기지가 문화공간으로 재탄생한 곳이다. 드넓은 공간을 배경으로 한 작품들을 둘러보며 잠시 여유를 갖는다.

서울둘레길 16코스

편백나무숲과 만나다
봉산·앵봉산 코스

MAIN SPOT

① 편백숲 입구

편안했던 비단길은 끝나고 다시 험준한 산길 속으로 들어선다. 봉산에서 앵봉산으로 이어지는 둘레길은 이제 본격적으로 시작될 북한산 구간의 서막을 알리는 듯하다. 맛보기인 줄 알았던 오프닝이 본 게임보다 더 험준한 것은 아이러니하다. 둘레길 최고 난이도 코스답게 힘은 들지만 편백나무숲을 걷는 호사는 이곳에서만 경험할 수 있는 것이다. 서측에서 바라보이는 북한산의 모습은 낯설기도 하고 또 설레기도 한다.

봉산의 편백나무숲길은 서울둘레길의 아래쪽에 조성되어 있다. 편백나무숲을 가로지르는 것은 아래쪽의 무장애길이다. 편백숲 표지가 보이면 아래쪽으로 잠시 내려가야 한다. 결국 봉산전망대에서 두 길은 다시 만나게 된다.

❷ 봉산전망대

봉산은 남북으로 아주 길쭉하게 생겼으나 그 높이는 209m에 불과하다. 산 중턱에서 만나는 이곳은 편백숲과 붙어 있어 편백전망대로 불리기도 한다. 은평구 일대가 시원스럽게 내려다보인다.

❸ 봉산정

봉산 정상까지 오르면 가장 먼저 반겨주는 팔각정이 있다. 앞에는 넓은 광장이 펼쳐지고 옆으로는 한 쌍의 봉수대가 박제된 듯 보존되어 있다. 매년 신년이면 해맞이 행사가 열려 많은 인파가 모이는 곳이다.

COURSE MAP

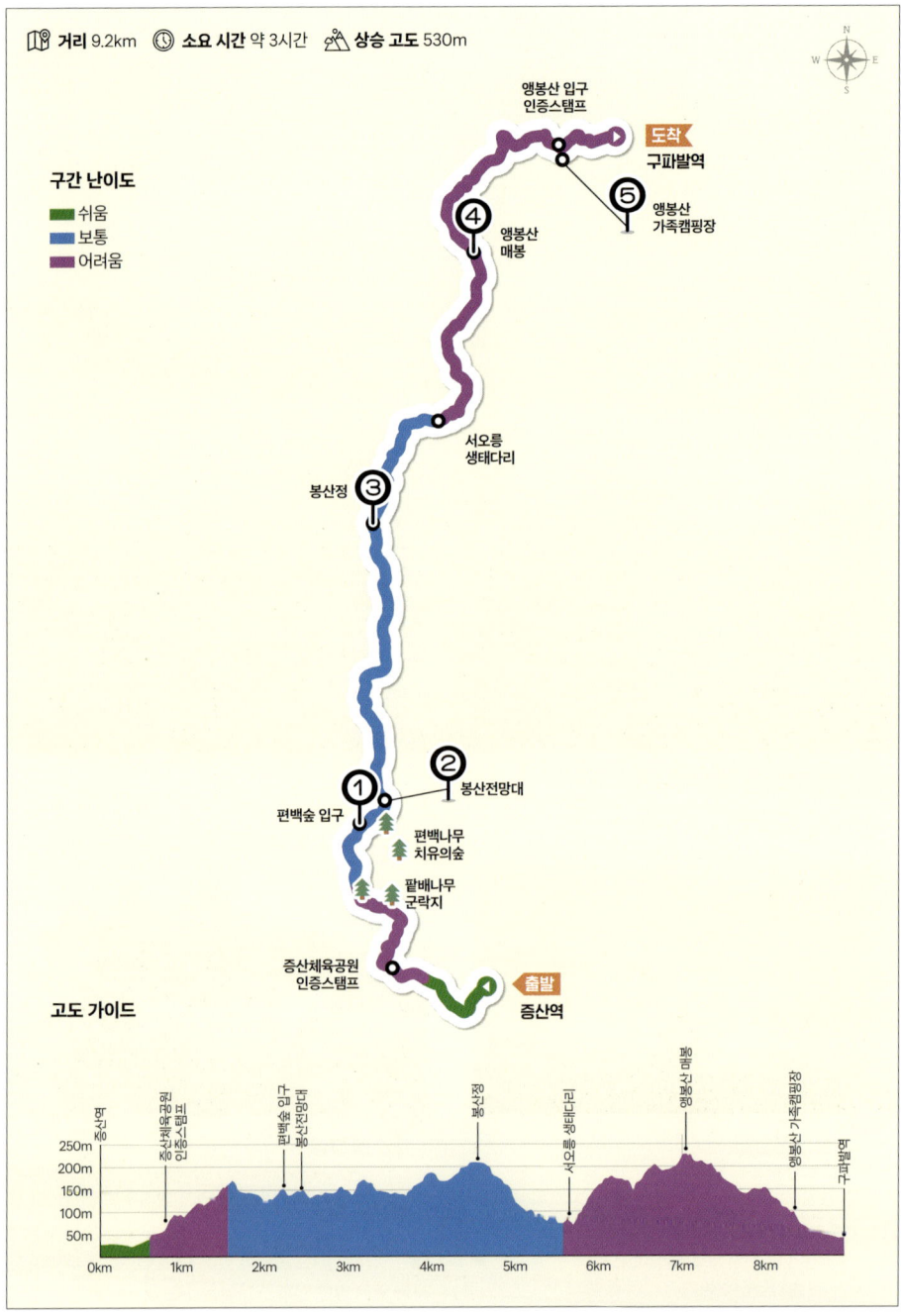

MAIN SPOT

④ 앵봉산 매봉

앵봉산 정상에는 무선기지국 시설이 있다. 변변한 표지석조차 없기에 송신탑 주변을 정상으로 간주한다. 앵봉산은 오르는 길은 물론이고 정상에서도 주변 조망이 터지는 지점이 별로 없어 좀 답답한 산행을 이어가게 된다.

⑤ 앵봉산 가족캠핑장

봉산과 앵봉산을 넘어오며 기력을 다 소진한 시점에 만나는 캠핑장이다. 일반야영장 25면, 글램핑장 3면으로 구성되어 있다. 사이트와 주차장이 분리되어 있어 오토캠핑은 불가하다.

MORE INFO

찾아가기
IN 6호선 증산역 3번 출구에서 240m 정도 직진. 오른쪽 은평둘레길(서오릉고개) 표지를 따라 우회전해서 골목으로 들어간다. 증산체육공원 인증스탬프까지 900m 거리다.
OUT 종점에서 가장 가까운 지하철은 3호선 구파발역 3번 출구다.

코스 정보
최상급 난이도의 코스답게 봉산의 능선을 따라 북진하다가 서오릉 생태다리를 건너며 앵봉산에 진입한다. 앵봉이란 예쁜 이름은 이산에 꾀꼬리가 많이 살아서 붙여진 것이다. 정상인 매봉까지 오른 뒤 동쪽으로 내려와 구파발로 넘어가게 된다. 앵봉산의 정상은 매봉이라 불리는데 그 높이가 해발 235m로 지나온 봉산보다 더 높다. 기다란 능선을 따라왔기에 이미 기력을 소진했으나 더 높고 더 가파른 산이 버티고 있는 것이다. 걷는 내내 주변 시야도 잘 터지지 않으니 그저 묵묵하게 고행의 발걸음을 이어가야 한다.

주변 정보
봉산 둘레길 초입 부근은 생태경관보전지역으로 지정되어 있다. 이곳이 보전지역으로 지정된 것은 자연적으로 생겨난 약 5,000㎡에 달하는 팥배나무 군락지가 있기 때문이다. 인근의 편백나무숲이 인공적으로 조림된 것과 대비되는 것이다. 팥배는 팥 같은 작은 배가 열린다고 붙여진 이름이다. 꽃은 흰색 배꽃과 비슷하며 4~5월에 열린다. 붉은색으로 구기자 같이 생긴 팥배 열매는 주로 작은 새들의 먹이가 되는데 우리나라가 원산지다.

주차 정보
증산체육공원 주차장 코스 시점에 바로 있다. ⓦ 5분당 100원 ⓗ 은평구 증산동 산21

서울둘레길 17코스

서울의 진산에 들어서다
북한산·은평 코스

17번째 코스에서 비로소 서울의 진산 북한산 자락으로 들어선다. 초반 은평뉴타운을 거닐다 후반 북한산으로 들어서면서 대한민국의 오악五岳이자 국립공원이라는 중량감이 온몸으로 느껴진다. 소나무 한 그루 돌멩이 하나에도 기품이 깃들어 있는 듯하다. 암릉 사이를 가로지르는 스카이워크를 지날 때는 이렇게 멋진 곳만 걷고 싶다는 작은 소망도 가져본다.

MAIN SPOT

1 마고정

온평뉴타운을 가로지르는 코스는 진관동의 옛 지명들을 따라간다. 조선시대 중국 사신들이 말을 매어두고 머물던 장소에서 유래된 마고정은 이제 사라졌지만 음악 분수와 넓은 휴식 데크가 있는 이 일대를 그렇게 부른다.

2 북한산 입구 인증스탬프

은평뉴타운 폭포동 끝자락까지 다다르면 서울둘레길 인증스탬프가 나온다. 다만 2025년 4월부터 서울눌레길 2.0으로 개편되면서 그 역할을 다했다. 이곳에서부터는 북한산 둘레길과 서울둘레길이 동일한 코스로 나아간다.

COURSE MAP

🚶 거리 6.3km　⏱ 소요 시간 약 2시간 08분　⛰ 상승 고도 238m

구간 난이도
- 🟢 쉬움
- 🔵 보통
- 🟣 어려움

고도 가이드

MORE INFO

찾아가기
IN 3호선 구파발역 2번 출구에서 안내표지를 따라 120m 정도 직진한다. 옥방아다리를 건너기 전에 좌측 구파발천 수변길로 진입한다.

OUT 종점에서 가장 가까운 독박골북한산 래미안 버스정류장을 이용한다. 지하철은 이곳에서 1km 거리의 3호선 불광역 2번 출구다.

코스 정보
17코스는 구파발역에서 북한산생태공원까지 5.9km의 구간이다. 앞으로 남은 서울둘레길 5개 코스가 모두 북한산 자락을 따라 걷게 된다. 또한 이 코스들은 정확하게 북한산 둘레길과 일치한다. 서울둘레길 표지판이 없을 경우 북한산 둘레길 표지를 따라가면 된다. 첫 번째 은평 구간은 그 맛보기라 할 수 있다. 6km 남짓한 짧은 거리 중에서 절반에 해당하는 초반은 은평뉴타운 나들이라 해도 과언이 아니다. 구파발천을 따라서 평이하게 이어지다가 북한산 자락으로 진입해서 능선을 서너 번에 걸쳐 동쪽에서 서쪽으로 넘어가게 된다. 코스에서 조금 벗어난 곳에 요즘 핫한 진관사와 은평한옥마을이 있다.

둘레길 정보
북한산 둘레길 국립공원관리공단에서 조성한 71.5km의 둘레길이다. 총 21개 구간으로 구성되어 있다. 서울둘레 길과는 8에서 1구간까지 그리고 20과 19구간을 공유한다. 서울둘레길 17코스는 폭포동 선림사에서부터 북한산 둘레길 8구간과 동일한 경로를 따라간다. 서울둘레길 북한산 구간은 국립공원 내 금지 행위가 동일하게 적용된다. 이전 코스와 달리 반려동물 출입이 금지되기 때문에 반려견과 산책이 불가하다. 공원 내 취사 음주 행위, 불법주차, 흡연 등도 단속의 대상이 되니 주의하자.

주차 정보
구파발역 환승주차장 ⓦ 5분당 170원 ⓛ 은평구 진관동66-30 ✓ 주차 후 대중교통을 이용했던 신용카드로 주차비 결제 시 50% 할인.

③ 하늘전망대

코스 마지막 구간에 암릉과 소나무가 어우러지는 지점에 데크길이 깔려 있다. 길이는 약 200m 정도로 그리 길지 않으며 데크길 끝에 하늘전망대가 있다. 전망대에서 정면을 보면 16코스에서 걸어왔던 봉산이 마주 보인다.

서울둘레길 18코스

탕춘대성을 지나 평창동으로
북한산·종로 코스

북한산·종로 구간은 17코스와 달리 북한산의 속살을 제대로 파고든다. 멀리서 실루엣으로만 보이던 북한산의 능선이 이제부터는 봉우리 하나하나 선명하게 구분된다. 비봉, 문수봉, 보현봉, 형제봉까지 수많은 봉우리가 있어 뭐가 뭔지 늘 헷갈렸다면 이번에 둘레길을 걸으며 제대로 알아보자. 길이도 길고 상승 고도 476m에 달하여 쉽지 않은 여정은 분명하다.

MAIN SPOT

① 독바위산 정상

둘레길 초반부터 어렵게 오르게 되는 독바위산 정상이다. 서쪽의 평창동은 물론이고 북쪽의 북한산 능선을 가깝게 조망할 수 있다. 족두리봉과 비봉, 문수봉을 거쳐 보현봉까지 파노라마처럼 펼쳐지는 능선이 또렷하게 보인다.

② 탕춘대성 암문

탕춘대성은 북한산성과 한양도성을 연결하는 성이다. 인왕산에서 시작해서 북한산 향로봉 아래까지 연결된다. 둘레길은 암문을 통해서 성 안쪽으로 들어간다. 암문은 비상문을 말하며 산성에서 가장 으슥하고 후미진 곳에 설치된다.

COURSE MAP

MORE INFO

찾아가기
IN 3호선 불광역 2번 출구에서 시작한다. 지상으로 나오자마자 좌회전해서 북한산생태공원까지 올라간다. 생태공원에서 건널목을 건너가면 등산로 입구가 나온다. 이곳까지 출발지에서 1km 거리다.
OUT 종점에서 가장 가까운 정류장은 롯데아파트 정류장이다. 도보로 약 600m 거리가 된다.

코스 정보
18코스는 북한산 생태공원에서 형제봉 입구까지 7.4km 구간이다. 지하철역에서 시점까지 그리고 종점에서 버스정류장까지 이동한 거리를 모두 합하면 거리는 8.9km로 늘어난다. 초반에는 독바위산을 넘어 구기동으로 넘어가는 산행 코스가 이어지는데 이 구간이 가장 높은 난이도다. 이후 구기동을 거쳐서 평창마을길을 걷게 된다. 대부분 차량이 통행하는 포장도로를 따라간다. 산에서 벗어난 구간이라 편안하게 느낄지는 몰라도 거리나 오르내리는 발품을 꽤 팔아야 하는 고된 구간이다.

평창마을길 평창동을 가로지르는 구간을 따로 '평창마을길'이라 부른다. 둘레길에서는 북악정의 모습이 마주 보이기도 하지만 이 코스에서는 마을 구경, 집 구경이 훨씬 더 재미있다. 빼곡하게 들어선 아파트단지와 달리 단독주택들의 모습들은 천차만별이다. 북한산 봉우리 중에서도 영험하기로 손꼽히는 보현봉과 맞닿아 있는 곳이다 보니 중간중간 사찰은 물론이고 교회와 기도원까지 심심치 않게 볼 수 있으니 참으로 특이한 마을이다.

주변 정보
연화정사 평창계곡에서 형제봉 입구 사이에 있는 사찰이다. 가람이 언덕바지 서향으로 배치되어 있기에 북한산 자락 위에 자리 잡은 평창동의 풍경이 아름답게 조망된다.

주차 정보
북한산생태공원 공동주차장 빈 곳에 주차 후 1666-2302로 전화해서 자리 번호를 입력한다. ⓦ 5분당 100원 ⓐ 은평구 불광동 630-4

③ 보현산신각

둘레길 후반은 산속에 자리 잡은 마을을 가로지르며 걷게 된다. 북한산 안쪽으로 깊숙하게 들어가 있는 평창동에 이르면 보현봉 산신을 모시는 산신각을 만날 수 있다. 지금도 마을 주민들이 음력 3월 1일과 9월 13일 두 차례 대동산신제를 지낸다.

서울둘레길 19코스

흰 구름 위를 걷는 기분
북한산·성북 코스

시작과 동시에 형제봉으로 연결되는 주름 같은 능선들을 살짝살짝 옆으로 돌아가며 넘어간다. 이것만으로도 높게는 해발 287m까지 오른다. 계속해서 업다운이 반복되기에 제법 난이도가 있다. 코스 중 가장 최고의 순간은 구름전망대에서 맞이한다. 북한산과 도봉산, 수락산의 자태도 훌륭하지만, 산속에 폭 안긴 도심의 풍경도 신비롭다.

MAIN SPOT

① 명상전망대

등산로를 타고 정상으로 오르는 것보다 둘레길을 따라 능선 옆으로 돌아가는 것도 만만치 않음을 알 수 있는 코스다. 정릉탐방로 인근에서 처음 시야가 트이는 곳이 명상전망대. 골짜기 사이로 보현봉이 보인다.

② 구름전망대

종료 지점을 앞두고 만나는 이곳은 서울둘레길에서 가장 우수한 조망을 자랑한다. 3층 높이의 진망대로 시쪽 북한산, 북쪽 도봉산, 동쪽 수락산, 남쪽 아차산까지 360도로 모두 감상할 수 있다.

COURSE MAP

거리 7.2km 소요 시간 약 2시간 25분 상승 고도 344m

구간 난이도
- 쉬움
- 보통
- 어려움

삼성아파트 버스 정류장 출발
형제봉 입구 인증스탬프
형제봉 등산로 갈림길
명상길전망대
정릉탐방지원센터
북한산 자락길 만남의 장소
솔샘발원지
빨래골
구름전망대
화계사
화계사 일주문 인증스탬프
화계역 도착

고도 가이드
300m / 250m / 200m / 150m / 100m / 50m
0km ~ 7km

③ 화계사

이번 코스는 화계사 일주문에서 종료된다. 화계사는 고려시대 창건된 천년 고찰로 일주문에서 대웅전까지 약 200m 거리다. 지친 몸을 이끌고 들려야 하는지 잠시 고민이 되지만 사찰을 둘러보며 큰스님의 향기를 느껴보는 것도 좋을 것이다.

MORE INFO

찾아가기
IN 3호선 경복궁역 3번 출구로 나와 '경복궁역3번출구' 정류장에서 버스로 환승 후 '평창동삼성아파트' 정류장에서 하차한다. 건널목을 건너 골목 안쪽으로 들어간다.
OUT 종점에서 약 800m 거리에 우이경전철 화계역 2번 출구가 있다.

코스 정보
19코스는 형제봉 입구에서 화계사 입구까지 6km 구간이다. 정류장에서 시점까지 그리고 종점에서 경전철까지 거리를 모두 합하면 실제로 걷는 거리는 7.2km로 늘어난다. 대부분 도심과 산자락의 경계를 절묘하게 따라가기에 둘레길을 걷는 묘미를 제대로 느낄 수 있는 코스이기도 하다. 대신 중간중간 산길에서 빠져나와 도심을 통과하는 경우가 있다. 길을 잃어버리지 않도록 표지판을 신경 써서 따라가야 한다.

둘레길 정보

북한산 국립공원 입산 제한 시간 북한산은 국립공원이라 아무 때나 산으로 들고 날 수 없다. 지정된 시간에만 출입이 허용되는데 이를 입산 시간 지정제라 한다. 다만 이는 정상으로 향하는 등산로에만 해당하고 아래쪽을 이어 걷는 북한산 둘레길은 상관 없다. ⓣ 3월~11월: 04:00~17:00, 12월~2월: 04:00~16:00

주차 정보
평창동 노상공영주차장 출발지로부터 600m 거리다. ⓦ 30분당 900원 ⓐ 종로구 평창동 114-3
정릉탐방지원센터 주차장 ⓦ 최초 1시간 1,100원, 이후 10분당 주중 250원, 주말 300원 ⓐ 성북구 정릉동 829-1

201

서울둘레길 20코스

숲길에서 마주하는 순국선열과 민주열사
북한산·강북 코스

북한산의 대표 봉우리들과 솔밭공원의 소나무들이 북한산 구간의 대미를 장식해주는 코스다. 서울둘레길은 20코스 종점인 우이령 부근에서 북한산과 작별하고 도봉산으로 넘어가게 된다. 난이도는 19코스와 비슷하여 결코 쉽지 않다. 애국선열의 묘소와 4.19 묘지를 둘러 가는 까닭에 독립과 민주화의 의미를 되돌아보게 되는 순례의 여정이 되어줄 것이다.

MAIN SPOT

① 국립통일교육원

통일부에서 운영하는 통일 교육 담당 기관이다. 삼각산에서 모티브를 딴 건물들의 지붕은 모두 피라미드처럼 뾰족한 형태를 하고 있다. 이곳 마당에는 독일에서 기증받은 베를린장벽 1개가 전시되어 있다.

❷ 이준 열사 묘역

국립통일교육원을 벗어나면 순국선열묘역 순례길로 접어든다. 둘레길로 향하던 발걸음이 안내표지에 이끌려 이준 열사 묘역에 닿는다. 대한제국의 외교관으로 네덜란드 헤이그에서 열리는 세계평화회의에 참석하였다 순국하셨다.

❸ 이시영 선생 묘역

순례길에 만난 이시영 선생 묘역 주변으로는 중국 각지에서 독립운동을 하다 돌아가신 광복군 17위의 합동 묘소가 조성되어 있다. 선생은 일제강점기 독립운동가였고 대한민국 초대 부통령을 지냈다.

COURSE MAP

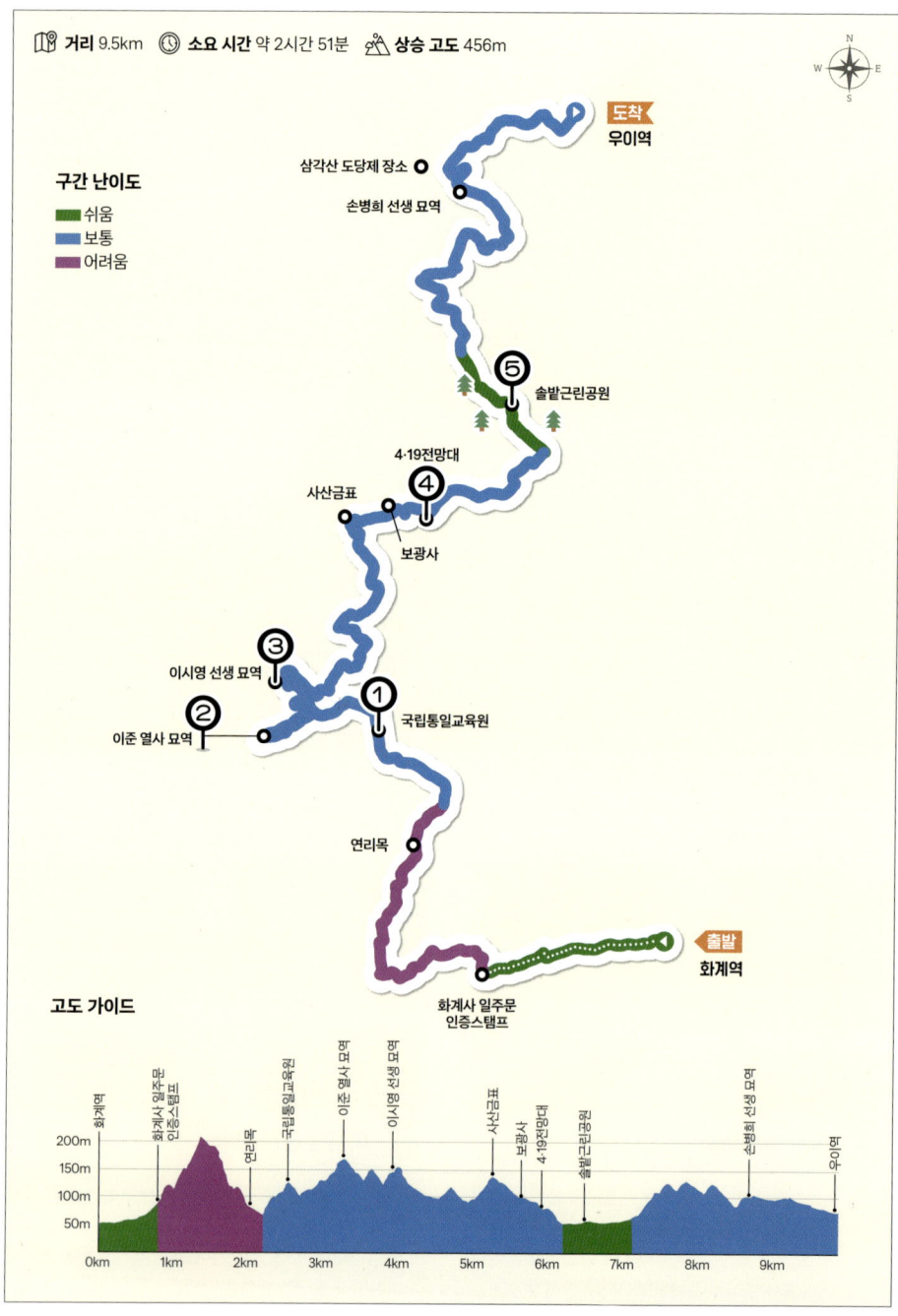

MAIN SPOT

④ 4·19전망대

사산금표가 새겨진 바위와 보광사를 지나가면 4.19민주묘지가 내려다보이는 전망대에 도착한다. 이곳에서는 남쪽으로 자리 잡은 묘역의 전경과 묘역의 상징과도 같은 4.19혁명 기념탑이 또렷하게 보인다.

⑤ 솔밭근린공원

이제 막바지에 다다른 여정은 순례길에서 벗어나 민가로 내려온다. 굳이 코스를 이렇게 만든 것은 아마도 솔밭근린공원에 들리기 위해서일 것이다. 이곳에는 수령 100년생 소나무 약 1,000그루가 자생지를 이루고 있다.

MORE INFO

찾아가기
IN 우이경전철 화계역 2번 출구에서 시작한다. 안내표지를 따라서 화계사 방향으로 직진한다. 화계사 일주문 인증스탬프까지는 약 700m 거리다.
OUT 우이경전철 우이역 1번 출구

코스 정보
20코스는 화계사 일주문에서 우이역까지 6km 구간이다. 실제로 걷는 거리는 9.5km로 큰 차이가 난다. 이준 열사, 이시영 선생 등 애국선열의 묘소를 참배하기 위해서 오고 가는 거리가 더해지기 때문이다. 애국선열의 묘소들이 4.19 묘지 인근 산자락 여기저기에 흩어져 있어서, 오르내리는 것에 시간도 걸리고 힘도 든다. 두어 곳만 다녀와도 코스 난이도는 중급에서 상급으로 증가한다. 주변에 계신 분들을 모두 돌아볼 수는 없기에 특별히 존경하는 분들만 뵙고 온다는 마음으로 찾아뵙는 것이 좋겠다.

주변 정보
사산금표

조선시대 도성 안과 성저십리 이내에서 소나무의 벌채와 묘 쓰는 것을 금지한다는 표지석이다. 조선 후기 도성의 인구가 팽창하면서 무분별한 벌채와 산림 훼손을 막기 위해서 실시된 것으로 보인다.

주차 정보
빨래골 노상공영주차장 출발지로부터 600m 거리다. Ⓦ 30분당 1,200원 📍강북구 수유로 30

서울둘레길 21코스

도봉산에서 마치는 여정
북한산·도봉 코스

서울둘레길 종주의 마지막은 도봉산과 함께한다. 전망대에서 바라본 자운봉의 기세는 삼각산에 못지않았다. 정의공주가 잠들어 있는 원당마을은 더 머무르고 싶을 정도로 매력적이었고 600년을 버텨온 은행나무에서는 영험함마저 느껴진다.

MAIN SPOT

1 연산군 묘

삼각산을 뒤로하고 방학동 골목으로 접어들면 왕실묘역 길 담장 안에 쌍분이 보인다. 좌측이 연산군이고 우측이 폐비 신씨의 묘다. 폭정을 일삼다 폐위된 연산군은 강봉되어 격이 떨어지는 묘에 묻혔다.

2 정의공주 묘역

세종대왕의 셋째 딸인 정의공주와 사위 안맹담의 묘역이다. 공주는 총명하여 수학과 천문학에 조예가 깊어 아버지로부터 많은 사랑을 받은 것으로 알려졌다. 정의공주 묘역을 지나면 산길로 접어들게 된다.

COURSE MAP

🚶 거리 7.7km ⏱ 소요 시간 약 2시간 24분 ⛰ 상승 고도 307m

구간 난이도
- 🟩 쉬움
- 🟦 보통
- 🟪 어려움

고도 가이드

MORE INFO

찾아가기
IN 우이경전철 우이역 1번 출구에서 시작한다. 지상으로 나오면 바로 횡단보도를 건너 좌측으로 표지판을 따라간다. 왕실묘역길 인증스탬프까지는 약 450m 거리다.
OUT 1호선 도봉산역 1번 출구

코스 정보
21코스는 우이역에서 도봉산역까지 7.3km 구간이다. 초반에는 왕실묘역길 구간으로 접어든다. 방학4동 일대를 둘러보는 코스로 부담 없는 난이도다. 이 구간에서는 야생 동물들을 주의해야 한다. 특히 멧돼지가 문제인데 산과 민가를 분리하는 철책이 꽤 빈번하게 설치되어 있는 것을 볼 수 있다. 멧돼지와 만났을 때는 소리를 지르거나 위협하지 말고 침착하게 나무나 바위 뒤로 몸을 숨기는 것이 좋다. 도봉산 자락을 둘러 가던 서울둘레길의 마지막 코스는 도봉사 인근에서 끝이 난다. 특히 마지막 백여 미터 구간은 편안한 무장애길로 되어있어 장거리 여정을 마친 둘레꾼들을 환영해준다.

둘레길 정보
서울둘레길 완주 인증

서울둘레길을 1코스부터 21코스까지 완주하면 서울둘레길 안내센터에서 인증서를 받을 수 있다. 종료 지점 인근에 있는 창포원 서울둘레길 안내센터에 들러보자. 인증스탬프 수첩을 제출하면 현장에서 기념 배지와 함께 완주인증서를 출력해준다.

주차 정보
교통광장 공영주차장 우이역 1번 출구와 맞닿아 있다. 🅿 30분당 1,200원 📍 강북구 삼양로 170길 62

③ 쌍둥이전망대
둘레길이 깊어지는 방학동길에서 만나는 좌우 대칭의 독특한 외관의 전망타워다. 이곳에서는 자운봉을 필두로 이를 호위하듯 둘러싸고 있는 선인봉과 신선대 등의 봉우리가 또렷하게 마주 보인다.

서울둘레길 연결 코스 1

철길 따라 걷는 그리움의 여정
경춘선숲길

MAIN SPOT

① 화랑대 철도공원

서울둘레길 3코스와 크로스 되는 걷기 코스다. 녹슨 선로 위로는 기억을 걷는 사람들이 모여든다. 이곳에는 단선 무궁화호 열차를 타고 춘천으로 향하던 젊은이들의 설렘이 묻어난다. 좁디좁은 골목 사이를 누비며 달렸던 철길에는 아직 정겨움이 남아 있다. 소박한 골목시장을 지나 미루나무가 줄지어 선 가로수길에 접어들면 찬란하게 흩어진 낙엽의 잔재들과 마주한다.

서울의 마지막 간이역이었던 화랑대역이 공원으로 탈바꿈한 곳이다. 공원을 가로지르는 철길과 약 400m 구간에 실제 운행했던 기차들이 전시되어 있다. 그밖에 철도박물관, 기차 카페, 노원기차마을 등 볼거리도 풍성하다.

COURSE MAP

거리 7.2km 소요 시간 2시간 4분 상승 고도 49m

월계역 도착
서울둘레길 3코스
삼육대앞 버스정류장 출발
③ 경춘선 철교
② 황톳길 세족장
경춘선 힐링쉼터
도깨비 시장
① 화랑대 철도공원
화랑대역
화랑대 사거리
서울둘레길 4코스

구간 난이도
- 쉬움
- 보통
- 어려움

고도 가이드

MORE INFO

찾아가기
IN 삼육대앞 버스정류장
OUT 1호선 월계역 1번 출구

코스 정보
경춘선숲길은 담터마을에서 경춘선 철교까지 총 6km 구간을 말한다. 이곳은 과거 경춘선이 운행되던 철길이었으나 열차 운행이 중단되고 춘천을 오고 가던 추억의 기찻길은 숲길로 변신하였다. 버스정류장과 지하철역으로 오고 가는 거리까지 더하면 실제 걷는 길이는 7.2km로 늘어난다. 서울둘레길 3코스와 화랑대역에서 합류된다. 화랑대역에서 걷기 시작하면 종점인 경춘선 철교까지는 약 3.3km 거리가 된다.

즐길 거리
화랑대 철도공원 빛의 정원 해가 지면 공원 곳곳에 설치된 조명에 불이 들어와 빛의 정원으로 변신한다. ⓒ 24시간 개방 ⓐ 노원구 화랑로 608 ☎ 02-2116-0545 ✓ 주차 무료

주차 정보
삼육대 주차장 출발지 인근 ⓦ 10분당 500원
ⓐ 노원구 화랑로 815

② 황톳길 세족장
세족장을 중심으로 경춘선 힐링센터에서 경춘선 철교 사이 800m 구간에 미루나무 가로수길이 조성되어 있다. 가을이면 알록달록 단풍으로 물들어 아름다움을 뽐낸다. 철길 옆으로는 맨발 황톳길도 만들어져 있다.

③ 경춘선 철교
1939년 일제강점기에 개통된 경춘선의 일부로 서울과 춘천을 연결하는 주요 교량이었다. 2010년 전철 복선화가 이루어지면서 2010년 12월 21일부로 그 역할을 다하였다. 현재는 데크와 난간이 설치된 보행교로 이용되고 있다.

서울둘레길 연결 코스 2

정릉천 맑은 물길 따라 개울장으로
정릉시장가는길

MAIN SPOT

① 경국사

고려시대에 창건된 천년 사찰이다. 정릉천이 휘감고 돌아가는 숲속에 자리 잡고 있다. 일주문에서 극락보전으로 오르는 경내길이 참으로 운치 있다. 절 안에 약수가 나오며 극락보전에는 보물로 지정된 목각탱화가 봉안되어 있다.

공식 코스는 아니지만 정릉천 물길을 따라 조용한 마을을 지나가는 사랑스러운 샛길이다. 도심을 가로지르는 하천은 여러 곳에 있지만 쫄쫄 물 흐르는 소리가 귀를 간질이듯이 요란한 동네는 이곳이 유일할 것이다. 3km 남짓한 짧은 구간이지만 경국사라는 천년 고찰과 먹을거리 가득한 정겨운 시장을 지나기에 더 매력적이다. 서울둘레길 19코스와 연결된다.

COURSE MAP

거리 3km 소요 시간 1시간 3분 상승 고도 19m

서울 둘레길 19코스

출발: 정릉북한산국립공원 입구 버스정류장

정릉771교
① 경국사 일주문
② 정릉시장
   정릉시장 고객센터
   도이칠란드 박
   정릉시장 입구 버스정류장
도착
③ 산책로 종점

구간 난이도
- 쉬움
- 보통
- 어려움

고도 가이드

지점	거리
정릉북한산국립공원 입구 버스정류장	0km
정릉771교	0.5km
경국사 일주문	1km
정릉시장 고객센터	1.5km
정릉시장	2km
도이칠란드 박	2.5km
산책로 종점	3km
정릉시장 입구 버스정류장	

150m / 100m / 50m

MORE INFO

찾아가기
IN 정릉북한산국립공원 입구 버스정류장
OUT 정릉시장 입구 버스정류장

코스 정보
'정릉시장가는길'은 실존하는 걷기 코스는 아니다. 서울둘레길 19코스, 보광슈퍼 옆 전봇대에 안쪽 골목으로 들어가라는 표지판만 존재하는 길이다. 단 청수골에서 시작된 정릉천을 따라가기에 이 코스는 수변 산책로로 분류하는 게 맞겠다. 전 코스 내리막 구간이며 중간에 한번 경국사 경내로 들어갔다가 나올 뿐 길이 복잡하지도 않다. 시장 구경 겸 가벼운 발걸음으로 동네 산책하듯이 둘러보면 되는 코스다.

즐길 거리
플리마켓 '개울장' 5월부터 10월까지 정릉천 주변으로 매주 둘째, 넷째 토요일마다 플리마켓인 개울장이 열린다. 운영 시간은 오후 1시~5시. 7월~8월 한여름에는 오후 3시에서 7시로 변경된다.

주차 정보
북한산국립공원 탐방안내소 주차장 리모델링 후 2025년 9월 30일 오픈 예정. ⓦ 60분당 1,100원 ⓟ 성북구 정릉4동 산1-1

② 정릉시장

정릉천 상류에 있는 청수교를 중심으로 골목 안쪽으로 점포들이 들어차 있다. 아케이드가 없는 골목형이라 시장 분위기는 덜하지만, 노포 냄새 물씬 풍기는 로컬의 느낌이 진하게 느껴진다. 화려함과는 결이 다른 고즈넉한 공간이다.

③ 산책로 종점

청수골에서부터 유유히 흘러온 정릉천은 정릉푸르지오 아파트 부근에서 복개되어 잠시 자취를 감춘다. 산책로 끝부분에는 작은 인공섬이 만들어져 있어 물길 따라 흘러왔던 짧은 여정의 대미를 장식한다.

서울둘레길 연결 코스 3

원당마을 산책
방학3동 역사문화길

MAIN SPOT

연산군과 정의공주 묘역이 있는 방학3동 일대를 둘러보는 테마 산책길을 방학3동 역사문화길이라 부른다. 간송 옛집에서 시작해서 정의공주 묘역, 연산군 묘, 은행나무, 원당마을 한옥도서관, 김수영문학관을 거쳐 방학천까지 연결된다. 이곳에서 도깨비시장까지 이어 걸으면 총 길이 5.8km의 코스가 된다. 거리는 짧아도 볼거리가 많기에 여유를 갖고 둘러보면 좋겠다.

❶ 간송 옛집

일제강점기 문화유산을 보호하고 수집하는 데 헌신한 간송의 자취가 서린 가옥이다. 100년 된 전통 한옥으로 뒤로는 전형필과 그의 양부인 전명기의 묘역이 있다. 5인 이상 사전 예약 시 문화해설사의 안내를 받을 수 있다.

COURSE MAP

거리 5.8km 소요 시간 2시간 6분 상승 고도 86m

구간 난이도
- 쉬움
- 보통
- 어려움

서울둘레길 21코스

① 간송 옛집
② 원당마을 한옥도서관
③ 방학동 도깨비시장

출발: 신방학중학교앞 버스정류장
도착: 도깨비시장 입구 버스정류장

연산군 묘
정의공주 묘역
원당샘 은행나무
김수영 문학관
방학3동 주민센터
발자국길 종점

고도 가이드

MORE INFO

찾아가기
IN 신방학중학교앞 버스정류장
OUT 도깨비시장 입구 버스정류장

주변 정보
원당마을 한옥도서관 09:00~20:00(화요일 휴무) 도봉구 해등로32가길 17 02-906-2022

즐길 거리
카미노커피로스터스 원두를 직접 로스팅하는 커피 전문점. 아인슈페너는 바닐라크림과 진한 에스프레소의 조화가 좋고 오렌지비앙코는 상큼한 오렌지 맛이 나는 이곳의 시그니처다. 08:00~22:00 도봉구 도당로 46

주차 정보
방학동도깨비시장 공영주차장 코스 종점 앞. 60분당 1,200원 서울 도봉구 방학로10길 51

② 원당마을 한옥도서관

원당샘공원에 있는 작은 도서관이다. 한옥으로 지어져 운치가 있다. 대들보가 드러나 보이는 실내는 아늑하며 나무 창문 사이로 중정이 바라보이는 자리가 명당이다. 도서관 내부에 별도의 카페 시설은 없다.

③ 방학동 도깨비시장

발자국길이 끝나는 곳에서 500m 정도 거리에 있는 전통시장이다. 도봉구 최대 시장으로 손꼽힐 정도로 규모가 크고 맛집도 많아서 방문객들이 많다. 시장 전체에 아케이드가 설치되어 쾌적하게 이용할 수 있다.

01 **숲속 카페**
사색과 여백을 위한

02 **영감을 주는 공간**
변신을 통해 재창조된

03 **역사를 기리는 공간**
길 위의 시간 저장소

04 **국수 맛집**
순례자의 소박한 한 끼

05 **전통시장**
진짜 로컬과 만나다

06 **로컬 맛집**
둘레길에서 발견한

07 **노포 술집**
로컬 감성 충만한

08 **야장 맛집**
산바람을 벗 삼아 즐기는

LOCAL STORY **삼각산 도당제**

LOCAL TOUR

순례자가 되어 영감을 얻다

서울의 끝자락을 따라서 경외하는 서울둘레길은 영감을 찾아 떠나는 여정의 나침반이다. 157km의 길을 완주하기 위해서 우리는 순례자가 되어야 한다. 익숙한 도심을 벗어나 외곽의 낯선 길을 걸으며 낯선 공간에서 의외의 풍경들과 만나는 여정은 영감을 자극하는 강력한 수단이다. 이 여정은 비록 느리고 자극도 적은 순한 맛이지만 은근히 스며들어 내면으로 집중하는 것을 도와줄 것이다.

순례자가 되어 영감을 얻다   NO. 01

사색과 여백을 위한 쉼표 한 스푼
숲속 카페

둘레길은 움직임의 연속이고 카페는 그 흐름 속에 놓인 작은 정자다. 이는 여행이 주는 선물이고 풍경을 마시는 순간이다.

1 아차산휴게소

아차산공원에 있는 카페다. 둘레길 계단이 끝나는 지점이자 무장애숲길이 시작되는 지점에 자리 잡고 있다. 등산로보다 약간 높은 위치라 방해받지 않고 한적한 시간을 즐길 수 있다. ⏰ 10:00~17:00

📍 광진구 구의동 3-11 📞 0507-1362-1863 🌐 아메리카노 3,000원 _서울둘레길 5코스_

2) 기차가 있는 풍경

카페는 2층 건물을 통으로 사용할 정도로 규모가 크다. 특히 1층 창가 자리는 음료를 시키면 기차가 배달해줘서 어린이 동반 가족에게 큰 인기다. 휴일에는 창가 쪽에 앉기 위해 별도의 대기가 발생할 정도다. ⓘ 11:00~21:00(월요일 휴무) ☏ 0507-1329-4399 ⓦ 아메리카노 3,500원 _서울둘레길 3코스 종점

4) 북카페 비상

창포원 북카페 2층에 있다. 공간이 넓고 야외에 테라스도 있어 잠시 쉬어가기에 좋은 곳이다. 다양한 커피와 음료를 판매한다. 테라스에서는 창포원의 풍경을 감상하며 티타임을 갖기에 좋다. ⓘ 10:00~21:00 ⓐ 도봉구 마들로 916, 2층 ☏ 0507-1322-5255 ⓦ 아메리카노 3,500원 _서울둘레길 1코스 시점

3) Café TANK6

서울둘레길 15코스를 지나며 만나는 문화비축기지 안에 있는 카페다. 6번째 탱크에 만들어져서 이름도 'TANK6'다. 공정무역으로 거래되는 원두를 취급한다. 여유로운 공간에서 휴식을 취하기도 좋다. ⓘ 10:00~19:00 (월요일 휴무) ⓐ 마포구 증산로 87 문화비축기지 T6 ☏ 02-376-8410 ⓦ 아메리카노 4,000원 _서울둘레길 15코스

5) 망우카페

넓고 쾌적한 공간에서 커피 한 잔의 여유를 즐길 수 있다. 망우산 중턱에 있어 주변 경관이 시원하다. 유유자적 조용히 시간을 보내기 좋은 테라스 좌석이 특히 인기가 높다. ⓘ 09:00~18:00 ⓐ 중랑구 망우로91길 2 중랑망우공간 1층 ☏ 02-496-8278 ⓦ 아메리카노 4,000원 _서울둘레길 4코스

순례자가 되어 영감을 얻다   NO. 02

변신을 통해 재창조된
영감을 주는 공간

변신을 통해 다시 태어난 장소만큼 상상력을 자극하는 곳도 없다. 추억의 장소에서는 과거의 감성이, 익숙한 모습에서는 데자뷔와 같은 울림이, 의외의 발견에서는 비밀을 알게 된 듯한 설렘을 느끼게 될 것이다.

된 기차 모형들은 아이들뿐 아니라 어른들에게도 인기다. 곧 이탈리아관도 개관을 준비하고 있다.

노원기차마을 ⓘ 10:00~19:00(18시 입장 마감, 월요일 휴무) ⓟ 노원구 화랑로 622 ⓒ 02-723-7763 ₩ 입장료 2,000원 _경춘선숲길

1. 화랑대 철도공원
서울둘레길 3코스와 연결되는 경춘선숲길에는 폐역을 리모델링한 화랑대 철도공원이 있다. 기차를 주제로 한 테마공원으로 야외에는 오래전 운행되었던 각종 열차가 전시되어 있고 기차 전시관, 기차 카페, 트램도서관 등이 운영되고 있다. 그중 미니어처 기차를 전시하는 노원기차마을 스위스관이 가장 유명하다. 1/87 축적으로 정교하게 제작

2. 매봉산 문화비축기지
1970년대 석유 파동을 계기로 만들어진 석유 비축기지를 문화공간으로 재탄생시킨 곳이다. 석유탱크 안쪽은 원유 대신 미술가들의 설치작품으로 채워졌다. 드넓은 공간을 배경으로 한 작품들은 그로테스크하기도 하고 때론 신비롭기도 하다. 미술관을 관람하듯 탱크들을 둘러보며 잠시 여유를 가질 수 있다. 문화비축기지에는 모두 6개의 탱

크가 존재한다. 지금까지는 탱크마다 설치미술 작가들의 작품이 전시되거나 공연장 등의 용도로 사용되었으나 앞으로 완전히 달라져 2025년 9월부터는 새로운 공간으로 재오픈할 예정이다. 기존까지 진행되는 투어프로그램도 지금은 운영되지 않는다. ⓘ 10:00~18:00(월요일 휴무) ⓐ 마포구 증산로 87 ⓒ 02-376-8410 _서울둘레길 15코스

3 서울아트책보고

고척돔 야구장 지하 1층에는 서울아트책보고라는 아트북을 주제로 하는 복합문화공간이 있다. 야구장 지하라는 광활한 공간에 아트북도서관과 북카페, 전시장, 서점이 골고루 갖춰져 있으며 여유로운 분위기를 풍긴다. 어린이를 위한 그림책 자료실이 키즈카페처럼 잘 꾸며져 있어 아이와 함께 시간을 보내기에 좋다. 정기적으로 전시회와 강연도 열린다. ⓘ 11:00~20:00(월요일 휴무) ⓐ 구로구 경인로 430 고척스카이돔 지하1층 ⓒ 02-2066-4830
_서울둘레길 13코스 종점

4 방이동 생태경관보전 지역

방이 습지라고도 불리는 이곳은 면적이 2만여 평에 달하는 서울에서 보기 드문 인공 습지다. 이곳은 원래 농사를 짓던 충적토 지반의 땅이었다. 이후 벽돌 제작을 위해 흙을 퍼내서 가져가다 보니 자연스럽게 웅덩이가 생겼다. 사람의 손길이 멀어지자, 주변은 자연스럽게 습지로 변해갔고 습지에 사는 생명들이 모여 하나의 생태계를 이루게 되었다. 습지 관람의 중심이 되는 장소는 인증스탬프가 있는 방이생태학습관이다. 내부 데크길을 따라서 습지를 탐방할 수 있으며 화요일과 목요일 하루 2회 오전 10시, 오후 1시에 습지 해설도 진행된다. 신청 방법은 현장 접수 또는 서울시 공공서비스예약 사이트에서 예약할 수 있다. ⓘ 09:00~17:00(월요일·공휴일 휴무) ⓐ 송파구 방이동 443-8 _서울둘레길 7코스

순례자가 되어 영감을 얻다 NO. 03

길 위의 시간 저장소
역사를 기리는 공간

① 암사동 선사유적지

암사동에 있는 한강 유역의 대표적인 신석기시대 유적지다. 규모가 큰 마을 단위의 유적이 발견되었으며 빗살무늬토기를 비롯한 당시 생활상을 살필 수 있는 유물들이 대규모로 출토되었다. 유물이 발견된 자리에 신석기시대 마을을 재현해 표현했으며, 출토된 다양한 유물은 박물관 내에 전시되어 있다. 하루 4회 문화 관광 해설을 무료로 진행하며 암사동 선사유적박물관 사이트에서 예약할 수 있다. 어린이들을 위한 다양한 체험 프로그램도 운영한다. ⏰ 09:30~18:00(월요일 휴무) 📍 강동구 올림픽로 875 📞 02-3425-6520 🌐 입장료 500원 _서울둘레길 6코스

망우역사문화공원

1933년에 처음 조성된 망우리 공동묘지는 1950년대 6.25로 인해 포화 상태에 이르다가 2022년 4월 1일 '망우역사문화공원'으로 새롭게 탄생하였다. 지금 이곳에는 유관순 열사와 도산 안창호 선생을 비롯한 여러 애국지사의 묘소가 마련되어 있으며 그들의 유품과 자료가 전시되어 있다. 최근에는 안중근 의사의 흉상이 이곳으로 이전되어 의미를 더해주고 있다. 망우역사문화공원에서는 향토 문화 해설사가 진행하는 탐방프로그램이 무료로 운영된다. 사전 예약 없이 참여할 수 있으며 해설사와 함께 전시를 관람한 뒤 주요 인물 묘역을 탐방한다. 하루 2회 오전 10시와 오후 1시에 시작된다. 월요일은 쉰다. 그리고 양원역에서 망우역사문화공원까지 무료 셔틀버스가 운행된다. 아침 9시부터 17시 20분까지 탈 수 있으며 20분 간격이다. 다만 동절기에는 쉰다. 버스노선도와 상세 시간표는 망우역사문화공원 사이트를 참고하자. ☏ 02-2094-6833 _서울둘레길 4코스

우면산

서울시 서초구와 경기도 과천시의 경계에 있는 우면산은 다양한 역사를 산속 깊이 품고 있다. 우면산 남쪽에는 청동기시대의 고인돌로 추정되는 지석묘가 남아 있다. 또한 예술의 전당 뒤쪽 자락에 있는 대성사는 그 기원이 백제시대까지 거슬러 올라가는 유서 깊은 곳이다. 또한 정도전의 묘도 우면산에 있는 것으로 알려졌는데 이는 공식적인 것은 아니다. 양재고등학교 뒤쪽에 '정도전 산소 터'라는 표식이 세워져 있다. _서울둘레길 10코스

낙성대공원

낙성대(落星垈)는 말 그대로 별이 떨어진 자리라는 뜻이다. 강감찬 장군이 이곳에서 태어났을 때 하늘에서 큰 별이 떨어졌는데 바로 북두칠성의 4번째 별인 문곡성으로 문무와 재물을 관장하는 별로 알려져 있다. 이 성스러운 자리에는 낙성대공원이 자리 잡고 있다. 낙성대공원은 고려의 명장 인헌공 강감찬 장군을 기리기 위해서 조성된 곳이다. 장군은 관악구 봉천동에서 출생하였다. 공원 동쪽에는 사당을 지어 안국사라 하여 장국의 영정을 모셨고 장군의 생가 터에 있던 낙성대 삼층 석탑을 안국사 경내로 이전하였다. 공원 주변이 단정하고 봄에는 벚꽃, 가을에는 단풍이 예쁘기에 당일치기 나들이 장소로도 손색이 없다. 공원 안에는 강감찬 기념관, 도서관, 강감찬 카페가 운영되고 있으며 반려견 놀이터도 있다. _서울둘레길 11코스

순례자가 되어 영감을 얻다   NO. 04

순례자의 소박한 한 끼
국수 맛집

국수는 둘레길을 닮은 음식이다. 얇고 긴 면발은 종종 인생이나 여정의 연속성을 상징한다. 국수를 대접받는다는 것은 낯선 곳에서 따뜻한 환대를 뜻한다. 간편하지만 정성스러움이 담긴 국수 한 그릇은 둘레꾼들에게 가장 잘 어울리는 한 끼 식사이기도 하다.

1 엄마손칼국수

상계동 찐 맛집 중 한 곳이다. 섞어전골이 대표 메뉴이며 샤부샤부처럼 데쳐 먹을 고기와 채소, 만두가 나오고 마지막에 칼국수를 넣어 끓여 먹는 스타일이다. 가격 대비 구성이 좋다. 특히 채수 베이스의 육수가 독특한데 깨소금이 들어가서 고소한 맛이 증폭된다. 점심시간만 운영하고 오후 4시 전에 문을 닫는다. ⏰ 10:00~16:00(월요일 휴무) 📍 노원구 상계로39길 5 ☎ 02-937-4967 ₩ 섞어전골 2인 33,000원 _서울둘레길 1코스 종점

2 소문난 멸치국수

공릉초등학교 인근에서 유명한 공릉동 국수거리에서 30년 이상 영업한 터줏대감이다. 멸치국수와 비빔국수가 대표 메뉴다. 특히 멸치국수는 직접 담근 파장을 넣어 먹으면 육수의 깊은 맛이 살아난다. 김밥까지 추가하면 한 끼 식사로 부족함이 없다. ⏰ 11:00~22:00 📍 노원구 동일로173가길 81 ☎ 02-973-4337 ₩ 멸치국수 6,000원, 비빔국수 7,000원 _서울둘레길 3코스 종점

3 태천면옥

광장동 주택가 한복판에 숨어있는 평양냉면 전문점이다. 특유의 슴슴한 육수와 뚝뚝 끊어지는 면발 그리고 정갈하게 올려진 고명에서 이 집의 내공이 묻어난다. 손님과 단골이 서로 안부를 묻는 동네 사랑방 같은 분위기도 좋다. 양도 인색하지 않기에 한 그릇이면 성인 남성도 충분히 포만감을 느낄 수 있다. 투박하게 빚어 나오는 손만두까지 곁들이면 완벽한 식사가 된다. ⏰ 11:00~21:00(화요일 휴무) 📍 광진구 광장로 49 ☎ 0507-1354-7224 ₩ 평양냉면 12,000원 _서울둘레길 5코스 종점

4 토속칼국수

형제봉 입구로 오르는 길에 있는 평창동 단독주택을 개조해 만든 곳이다. 대표메뉴는 칼국수로 감칠맛 나는 진한 사골육수에 부드러운 면발이 좋다. 김치도 맛있고 테

이블에서 바라보이는 동네 풍경도 고즈넉하다. 가정집에서 대접받는 기분으로 한 끼를 해결할 수 있는 곳이다. ⓞ 11:00~20:00(브레이크타임 15:00~16:00) ⓐ 종로구 평창길 345 ⓟ 02-379-1900 ⓦ 칼국수 11,000원 _서울둘레길 18코스 종점

5 함초밭 들깨칼국수

서울둘레길 8코스에서 지나가게 되는 올림픽선수촌아파트 단지 상가에 있는 곳이다. 들깨칼국수가 대표 메뉴다. 고소한 들깨 맛과 탱글탱글한 면발이 잘 어우러진다. 김치와 깍두기도 맛나다. 주문하면 바로 말아주는 꼬마김밥도 꽤 맛있다. 테이블이 4개 정도 되는 작은 가게다. 무엇보다도 동네 토박이라도 된 것처럼 자연스럽게 녹아드는 분위기 속에서 매력적인 한 끼 식사가 될 것이다. ⓞ 11:00~19:30(일요일 휴무) ⓐ 상가 내 2층 50호 ⓟ 02-402-3360 ⓦ 들깨칼국수 10,000원, 꼬마김밥 4,000원 _서울둘레길 7코스 종점

6 조은분식

올림픽선수촌아파트 단지 상가에 있는 식당이다. 쫄면이 대표 메뉴다. 과일을 갈아 만든 수제소스와 참기름 향이 솔솔 나는 면발에 아삭한 식감의 오이채가 듬뿍 올려졌다. 참치김밥도 맛있는데 달걀 하나를 전같이 부쳐 김밥 전체를 감싸고 적당한 힘으로 말았기에 초밥을 먹는 것 같이 입안에서 부드럽게 풀어진다. ⓞ 10:30~18:30(일요일 휴무) ⓐ 송파구 양재대로 1222 상가 내 2층 49호 ⓟ 0507-1314-66655 ⓦ 쫄면 9,000원, 참치김밥 5,000원 _서울둘레길 7코스 종점

7 이가 바지락 손칼국수

가양역 주변에서 가장 인기 있는 음식점 중 한 곳이다. 칼국수는 예전에 비해서 가격은 좀 올랐지만 싱싱한 바지락과 쫄깃한 면발은 여전하다. 2인분 이상 시키면 세숫대야 같이 큰 사발에 담아주는 넉넉한 스타일도 맘에 든다. 달콤한 맛의 겉절이김치와도 잘 어울린다. ⓞ 09:30~21:30 ⓐ 강서구 양천로 460 ⓟ 02-3661-2077 ⓦ 칼국수 11,000원 _서울둘레길 14코스 종점

8 탕면

은평뉴타운에서 가장 인기 있는 중식집이다. 바지락이 듬뿍 들어간 바지락탕면이 대표 메뉴다. 칼국수와 맑은 짬뽕의 어디쯤인가에 위치한 절묘한 맛이다. 대파 찹쌀탕수육과 가지튀김도 깔끔하고 가성비까지 좋다. 식사 시간만 되면 바로 대기가 생기니 이 시간을 피해서 방문하는 것이 좋다. ⓞ 11:00~21:20 ⓐ 은평구 진관3로 꿈에그린 상가 B111호 ⓟ 0507-1368-0342 ⓦ 바지락탕면 10,000원 _서울둘레길 16코스 종점

순례자가 되어 영감을 얻다   NO. 05

진짜 로컬을 만나다
전통시장

> **① 서울둘레길 4코스**
> **면목시장**
>
> 서울둘레길 4코스에서는 사가정시장이 가깝게 있지만 선택의 폭을 넓히고 싶다면 좀 더 걸어서 면목시장으로 가보자. 사가정역에서 약 270m 거리에 있다. 140개의 점포가 모여 있는 중랑구에서 가장 오래된 전통시장이다.

온기담 시장에서 만나는 종합 분식집이다. 가래떡 떡볶이에 콩나물을 올려주는 콩가떡이 대표 메뉴다. 사각사각 씹히는 콩나물과 쫀득한 가래떡이 어우러지는 식감이 독특하다. ⓣ 10:00~재료소진 시까지 ⓦ 콩가떡 4,500원

찜집 면목시장에서 가장 손님들로 북적거리는 음식점이다. 이름에서 예상되듯이 푸짐한 양의 해물찜이 메인이다. 혼밥은 부담스럽고 2인 이상에게 적당하다. 아귀찜 2인 (32,000원) 식사 후 만들어 먹는 볶음밥도 빠지면 섭섭하다. ⓣ 11:00-23:00(월요일 휴무)
ⓐ 중랑구 면목로 287 ⓒ 02-494-0044 ⓦ 아귀찜 2인 32,000원

② 서울둘레길 17코스
연서시장

서울둘레길 17코스의 종점인 불광역에서는 대조시장을 만날 수 있다. 다만 규모가 작아서 아쉬움이 남는다면 전통시장의 활기찬 분위기와 먹거리를 즐길 수 있는 연서시장을 추천한다. 불광역에서 한 정거장 거리의 연신내역에 있다. 이곳은 은평구 최대 규모라고 할 만큼 크고 사람들로 붐빈다. 시장 중앙에 바 형태의 가게들이 모여 있는 먹자골목이 있어 다양한 음식을 저렴한 가격에 맛볼 수 있다.

무궁화어묵 연서시장에서 가장 인기 있는 분식집이다. 어묵꼬치가 대표 메뉴였지만 이제는 종합 분식집이라 할 수 있다. 특히 떡볶이와 모둠 튀김이 맛있다. ⓐ 은평구 연서로 247 ☎ 02-355-4656 ⓜ 떡볶이 3,000원, 모둠 튀김 2,000원

연신네김밥과 옥이네김밥 연서시장 입구로 들어와서 우측에 있는 김밥집 두 곳이다. 먹자골목 내에서 유명한 라이벌이다. 두 곳 모두 대표 메뉴는 김밥과 잔치국수로 동일하고 손님들의 선호도 역시 비슷비슷하다. ☎ 연신네김밥 02-353-0619 옥이네김밥 010-3105-4032

경춘선숲길
공릉동 도깨비시장

경춘선숲길과 도깨비시장 후문이 맞닿아 있다. 과거 경춘선이 개통되면서 화랑대역 인근의 노점들이 모여들면서 시장이 형성되었다. 도깨비란 명칭은 단속 시 빠르게 사라졌다가 다시 나타나는 모습이 도깨비 같다고 해서 붙여진 것이다. 시장 골목이 꽤 굴곡진 언덕에 있는 것도 특이하다. 손칼국수, 닭강정, 떡볶이 같은 다양한 먹거리들이 있다. 후문 쪽에 테이블이 마련되어 있어서 시장에서 사 온 음식들을 맛볼 수 있다.

은이네반찬 는 음식점은 아니지만 천원반찬가게로 알려진 도깨비시장의 명소 중 하나다. 수십 종류의 맛깔스러운 반찬을 판매한다. 천 원짜리 반찬들은 과거에 비해 눈에 띄게 줄어들었지만 여전히 가성비 좋은 음식들을 판매한다. ⓐ 09:00~21:00 ⓑ 노원구 동일로 1028 ⓒ 02-988-3878

만두장성 속이 투명하게 비칠 정도의 얇은 피와 푸짐한 만두소의 조화가 보기만 해도 식욕을 자극한다. 고기와 김치 두 종류를 판매하는데 둘 다 맛있다. ⓐ 11:00~20:00 ⓑ 노원구 동일로180길 32 나-28호 ⓒ 02-972-1005 ⓦ 1인분 5,000원

서울둘레길 17코스
정릉시장

아케이드가 없는 골목형 시장으로 115개의 점포가 모여 있다. 한옥과 2층 주택이 즐비한 동네인지라 번잡스러움보다는 고즈넉한 맛이 있는 시장이다. 좁은 골목길과 노포가 어우러지는 독특한 매력이 있다. 정릉천이라는 맑은 개울을 끼고 있다는 것도 이곳에 운치를 더한다.

기차순대국 60년째 영업 중인 정릉시장의 터줏대감 노포다. 하얀 순대가 들어간 순댓국(10,000원)이 유명하다. 창가 자리라도 차지하게 되면 세상 부러울 게 없다.
09:00~22:00 성북구 솔샘로18길 91 02-914-9163 순댓국 10,000원

일미집 기차순대국 맞은 편에 있는 감자탕집이다. 고즈넉한 한옥의 분위기가 멋스러운 식당이다. 깔끔한 국물과 신선한 감자와 등뼈가 어우러지는 맛집이다.
10:00~23:00 성북구 보국문로11길 18-6 0507-1407-3663 감자탕 2인 26,000원

도이칠란드 박 골목에 숨어있는 맥줏집이다. 한옥 인테리어와는 정반대로 수제 소시지와 잠봉뵈르 샌드위치 메뉴가 메인이다. 독특한 분위기에서 맛있는 소시지를 안주 삼아 가볍게 맥주를 즐길 수 있다. 행안부 선정 착한 가격 업소이기도 하다.

NO. 06

서울둘레길에서 발견한
로컬 맛집

골목길에서 맛보는 음식은 미식 이전에 로컬과의 소통을 의미한다. 평범한 시장 백반집에서 먹는 한 끼 식사를 통해 동네 일원이라도 된 양 잠시나마 소속감을 느껴보는 것이다. 미슐랭가이드에 오르진 못했지만 둘레길 주변에는 오랜 시간 사랑받아 온 특색 있는 식당이 가득하다.

① 제일콩집

공릉동에서 30년 이상 영업하고 있는 노포다. 청국장과 순두부가 대표 메뉴다. 두부 요리는 담백한 맛이 일품이며 깻잎과 우거지무침 같은 딸려 나오는 밑반찬들도 간이 세지 않고 깔끔하다. 모든 음식이 자극적이지 않아 특히 어르신이나 어린아이가 있는 집에서 좋아할 맛이다.

⏰ 10:00~21:00 📍 노원구 동일로174길 37-8 📞 02-972-7016 🌐 청국장 12,000원 _서울둘레길 3코스 종점

② 아차산 닭한마리

광장초등학교에서 아차산공원으로 오르는 길을 아차산 오름길이라 부른다. 이 길 주변으로는 등산객을 대상으로 영업하는 식당들이 모여있는데 아차산 닭한마리집은 가장 위쪽에 자리 잡았다. 메인 메뉴인 닭한마리는 감칠맛 넘치는 육수가 매력적이다. 닭도 신선하고 부추와 함께 찍어 먹는 소스도 맛나다. 남은 국물로 죽까지 만들어 먹으면 한 끼 식사로 훌륭하다. ⏰ 10:00~21:30(일요일 휴무) 📍 광진구 광장로1나길 13 📞 0507-1428-1772 🌐

닭한마리 26,000원 _서울둘레길 5코스 종점

3 청국장과 보리밥

수서역 7번 출구 대모산자락으로 '궁 마을'이라 불리는 전원마을이 있다. 다양한 식당을 만날 수 있는 이곳에서 손에 꼽는 맛집이다. 두루치기와 푸짐한 쌈 채소를 선보이며 보리밥에 다양한 산채 나물과 청국장을 넣어서 쓱쓱 비벼 먹는 비빔밥도 맛있다. 점심은 물론이고 산행 후에 막걸리 한 잔 곁들이기에도 좋은 곳이다. ⏰ 11:00~21:00 📍 강남구 광평로46길 5-5 ☎ 02-3414-3313 두루치기정식 20,000원 _서울둘레길 8코스 종점

4 고척돈까스

인근 대학교 학생들과 지역 주민들에게 사랑받는 분식집이다. 대기가 수시로 발생한다. 대표 메뉴 돈가스는 소스가 듬뿍 뿌려져 나오는 한국식이지만 튀김 옷이나 두께감은 일식 돈가스 쪽에 가깝다. 이외의 메뉴들도 기본 이상은 하는 가성비 맛집이다. 종료 지점에서 약 900m 거리다. ⏰ 08:30~20:30(일요일 휴무) 📍 구로구 경인로47길 72 ☎ 02-2685-8080 돈가스 9,000원 _서울둘레길 13코스 종점

5 신안밥상

증산역에서 식사하고 출발할 때 고려할 만한 밥집이다. '동네에 이런 식당이 한 개쯤 있다는 것은 참 축복 같은 일이다.'라는 생각이 들게 하는 곳이다. 전라도 손맛 가득한 밥상을 차려내는데 가격도 착하고 기본적으로 어떤 메뉴를

시켜도 다 맛있다. 특히 조림이 훌륭한데 코다리조림에 딸려 나오는 조림 무는 예술의 경지에 이르렀다. 기본으로 나오는 갈치속젓에 김을 싸 먹으면 밥 한 그릇은 그냥 뚝딱이다. ⏰ 06:00~20:00(일요일 휴무) 📍 은평구 증산로 303 ☎ 02-373-6061 코다리조림 10,000원 _서울둘레길 16코스 종점

6 다래함박스텍

기사식당 골목에서 가장 인기 있는 곳이다. 대표 메뉴는 함박스텍으로 6,500원이라는 충격적인 가격으로 판매하고 있다. 싼 게 비지떡이라고 무시할 만한 수준이 아니다. 수프와 샐러드, 국, 깍두기가 구색을 갖춰서 서비스된다. 스텍은 식지 말라고 무쇠 접시에 담겨 나오며 반숙 달걀프라이까지 올려져 나온다. 식사 시간에는 항시 대기 줄이 생기나 회전이 빨라 금방 차례가 돌아온다. ⏰ 10:00~21:00(월요일 휴무) 📍 강북구 수유로 20-2 ☎ 02-2241-7558 _서울둘레길 19코스 종점

7 백곰집

한우설렁탕과 해장국을 잘하는 식당이다. 해장국은 건더기도 푸짐하고 국물은 묵직하다. 소위 어른들 스타일 해장국이다. 특히 김치가 예술인데 총각, 김장, 파김치까지 세 종류 김치가 제공된다. 오랜 연식이 느껴지는 노포이며 행안부 착한 가격 업소로도 선정되었다. ⏰ 11:00~23:00(목·금은 점심만 영업) 📍 강북구 삼양로 663 ☎ 02-900-5130 해장국 10,000원 _서울둘레길 20코스 종점

순례자가 되어 영감을 얻다   NO. 07

로컬 감성 충만한
노포 술집

① 우리집곱창

서울 시내에서 돼지곱창전골로는 가히 최강자라 손꼽을 만하다. 부드럽고 쫄깃한 곱창, 시원하고 칼칼한 국물, 푸짐한 양까지 삼박자가 맞아떨어진다. 오후 5시부터 손님들이 차기 시작해서 6시 이전이면 대기가 생기는 찐 맛집이다. 할아버지부터, 손녀뻘까지 성별 연령 불문하고 어우러지는 분위기도 좋다. 언뜻 양이 많아 보이지만 어느새 바닥을 드러낸 불판에 볶음밥을 긁어 먹고 있는 자신을 발견하게 될 것이다. ⓘ 15:00~21:50 노원구 덕릉로123길 11 ☎ 02-936-6091 돼지곱창전골 11,000
_서울둘레길 1코스 종점

② 이가네양꼬치 양재2호점

양재시민의숲역 2번 출구 바로 앞에 있어 접근성이 좋다. 이런 이유로 염곡사거리 쪽에 있는 1호점보다 이곳에 손님이 더 많다. 저녁이면 주변 직장인들로 붐비는 회식의 성지다. 가격대가 좀 있지만 충분히 값을 하는 맛이다. ⓘ 12:00~23:30 서초구 마방로2길 68 ☎ 0507-1383-7891 양꼬치 18,000원, 양등심꼬치 23,000 _서울둘레길 9코스 종점

③ 전주전집

사당동 전집 골목의 터줏대감이다. 전집 골목은 산자락이 아닌 사당역 6번 출구 안쪽에 자리 잡고 있다. 산과 가까워서 전집들이 모여든 것이 아니고 이 집이 장사가 잘되는 바람에 주변에 비슷한 식당들이 거리를 이루게 된 것이다. 대표 메뉴는 모둠전 김치찌개 세트다. 6종의 전이 두 번에 걸쳐서 제공된다. 부드럽게 잘 부쳐낸 것은 물론이고 딸려 나오는 묵은지김치찌개가 느끼함을 잡아줘서 구성이 좋다. 20여 종의 막걸리를 판매하고 있어서 주당들에게 인기다. ⓘ 14:00~00:50 동작구 동작대로7길 19 ☎ 02-581-1419 모둠전 김치찌개 세트 34,000원, 금정산성막걸리 6,000원 _서울둘레길 10코스 종점

④ 태영생막창 석수점

된장 베이스의 막장으로 상징되는 대구 스타일의 막창을 먹을 수 있는 곳이다. 돼지막창을 시키면 생막창을 덩어리째 올려서 익힌 다음 나중에 가위로 잘라준다. 막창은 잡내 없이 신선하며 꼬들살이라는 특수 부위도 맛있다. 마지막에 끓여 먹는 냄비라면도 빼놓을 수 없다. 하

기에는 바깥쪽으로 야장이 깔려서 더욱 운치 있게 식사를 즐길 수 있다. ⏰ 15:00~23:00(셋째 주 일요일 휴무) 📍 안양시 만안구 연현로 145 📞 031-471-2296 Ⓦ 돼지막창 14,000원 _서울둘레길 12코스 종점

⑤ 이가네 족발

동네 사람들에게 사랑받는 로컬 맛집이다. 테이블 6개 남짓한 작은 가게지만 이곳에서 삶아내는 족발은 예사롭지 않다. 고기는 부드럽고 적당한 감칠맛에 불맛까지 입혀져서 입안에서 살살 녹아내린다. 시그니처 무말랭이무침과도 잘 어울리고 주문과 즉시 무쳐주는 부추와도 찰떡궁합이다. 대기가 걸리거나 족발이 떨어질 수도 있으니 방문 전에 미리 확인해보는 것이 좋다. ⏰ 16:00~22:40 📍 서대문구 응암로 103 📞 02-304-5436 Ⓦ 족발 41,000원 _서울둘레길 15코스 종점

⑥ 도깨비우동

저녁에만 문을 여는 심야식당이다. 메뉴는 즉석우동과 어묵으로 단출하다. 얼큰한 양념에 쑥갓이 올려진 옛 포장마차 스타일의 우동을 내어놓는다. 음주 후 2차로 들리기 딱 좋은 식당이다. 반주로 한 잔 더 하기에도 좋은 분위기다. ⏰ 17:00~02:30(일요일 휴무) 📍 서대문구 증가로 250 📞 02-307-9909 Ⓦ 즉석우동 7,000원, 어묵 7,000원 _서울둘레길 15코스 종점

⑦ 절벽

평창동 토박이라면 모르는 이가 없을 정도로 유명한 실내 포장마차. 메뉴는 술안주로 잘 어울릴 만한 것들이 대부분이다. 그중에서도 연탄불에 구워 나오는 돼지구이가 대표적이다. 해물계란탕은 계란찜과 해물탕의 중간 정도의 걸쭉함을 지니고 있는데 이곳에서만 맛볼 수 있는 독특한 안주다. 원래 절벽 아래 위치해서 이런 상호가 붙었지만 현재 영업하는 장소는 새로 이전한 곳이다. ⏰ 16:00~02:00(일요일 휴무) 📍 종로구 평창문화로 130 귀빈예식장 지하 📞 02-379-8484 Ⓦ 돼지구이 14,000원 _서울둘레길 18코스 종점

⑧ 수정궁

만두 삼총사(물만두, 군만두, 찐만두)를 주 전공으로 내놓는 중국집이다. 그 흔한 짬뽕, 탕수육조차 메뉴에 없지만 어쩐 일인지 이곳에 오는 아저씨들은 하나같이 모두 만두를 안주 삼아 소주잔을 기울인다. 특히 독특한 맛의 물만두가 소주와 환상 궁합을 이룬다. 군더더기 없는 오향장육도 맛이 깔끔하다. ⏰ 16:00-22:00(일요일 휴무) 📍 도봉구 방학로 173 📞 02-3491-0440 Ⓦ 물만두 9,000원, 오향장육 26,000원 _서울둘레길 21코스 인근

NO. 08

산바람을 벗 삼아 즐기는
야장 맛집

서울둘레길을 걷다 보면 종종 서울에서 보기 힘든 야장을 발견할 수 있다. 좁은 식당 앞에 테이블을 몇 개 깔아 놓은 수준이 아니고 산자락에 본격적으로 자리를 잡은 넓은 가든 형태의 공간이다. 주로 북한산과 도봉산 자락에서 발견할 수 있다. 한나절 둘레길 산책을 마치고 저녁 무렵 선선해진 산바람을 맞으며 탁 트인 야외에서 맛있는 음식과 술 한잔 곁들이기에 안성맞춤인 곳들이다.

① 도봉산양고기

서울둘레길 1코스의 시점이자 21코스의 종점인 도봉산역 근처에 있는 식당이다. 과수원 자리에 양고기가든을 차린 것으로 생각된다. 과거 배나무밭에서 돼지갈비를 구워 먹던 태릉숯불갈비의 원형이 느껴지는 분위기다. 삼각산 갈비가 대표 메뉴인데 1인분에 두 대

가 나온다. 가격은 올랐지만, 양고기 특유의 잡내가 전혀 없는 신선한 맛은 여전히 일품이다. 후식으로 먹는 진득한 국물의 양갈비탕도 훌륭하다. 단 봄, 가을 휴일 점심시간은 굉장히 혼잡하니 이때는 피해서 방문하자. 🕐 12:00~22:00 📍 도봉구 도봉로191길 99-6 📞 02-3492-3324 🍖 삼각살비 28,000원, 양갈비탕 11,000원 ✅ 반려견 동반 가능 _서울둘레길 21코스 종점

② 청화가든

4.19 카페거리 인근에 있는 가든식당이다. 서울둘레길 20코스가 매장 위쪽으로 지나간다. 전형적인 가든 고깃집 형태이며 주택가 가장 높은 곳에 있어 한적한 분위기가 일품이다. 대표 메뉴는 통갈매기살이며 된장찌개도 맛있다. 🕐 09:00~21:40(월요일 휴무) 📍 강북구 4.19로 12길 75 📞 0507-1440-2358 🍖 통갈매기살 18,000원 _서울둘레길 20코스

③ 가든포차

서울둘레길 21코스 정의공주 묘역에 인접해 있는 곳이다. 과거 가든 고깃집으로 영업하던 곳이 포장마차로 업종을 전환했다. 실내는 물론이고 야외에 개별 천막이 설치된 좌석들은 좀 더 프라이빗하게 이용할 수 있다. 대표 메뉴는 누룽지백숙이며 포장마차에 있을법한 다양한 안줏거리들을 합리적인 가격으로 판매한다. 벚꽃 피는 시기에 가면 더 좋다. ⏰ 17:00~02:00 📍 도봉구 방학로 266-26 ☎ 0507-1458-5551 ✓ 누룽지백숙 23,000원 ✓ 반려견 동반 가능 _서울둘레길 21코스

④ 방학동포차마을

가든포차 바로 길 건너편에 인접한 야외포장마차다. 안쪽에 들어가 있는 가든포차와 달리 도로변에서 바로 바라보이는 노출된 장소에 있다. 프라이빗한 느낌은 덜하지만 개울가를 끼고 있는 것이 나름 장점이다. 대표 메뉴는 철판 삼합이다. ⏰ 16:00~02:00 📍 도봉구 방학로17길 6 ☎ 0507-1361-9393 ✓ 철판 삼합 29,000원 ✓ 반려견 동반 가능 _서울둘레길 21코스

⑤ 시골집연탄석쇠구이

서울둘레길 19코스 정릉탐방안내센터에 인접해 있는 곳이다. 지붕이 없는 완벽한 야장은 아니지만 정릉천과 맞닿아 있는 테라스 공간이 특별하다. 하절기에는 정릉천의 물소리를 반주 삼아 식사를 즐길 수 있다. 무조건 토종닭을 주문해야 하는 계곡식당과 달리 합리적인 가격대의 음식을 판매한다. ⏰ 09:00~21:00 (목요일 휴무) 📍 성북구 보국문로 209 ☎ 010-6389-5893 ✓ 더덕 연탄불고기 15,000원, 파전 15,000원 _서울둘레길 19코스

LOCAL STORY

제비가 돌아오는 삼짇날에는
삼각산 도당제

도당제는 마을의 안녕과 풍년을 기원하는 굿으로 온마을이 모두 참여하여 화목을 도모하는 축제로 발전하였으며 대동굿이라 부르기도 한다. 굿판이 벌어지는 음력 3월 3일은 봄의 시작을 알리는 양기 충만한 시기다.

온마을이 함께하는 대동굿

우이동 252번지는 삼각산 영봉 줄기와 이어지는 당집이 있었던 장소다. 삼각산 도당제는 서울시 무형유산 제42호로 지정되어 있다. 이제는 '봉화산 도당굿'과 함께 서울시에서 명맥을 이어가는 유일한 전통 무속 행사가 되었다.

하루 전부터 시작되는 전야제

봉화산 도당굿이 하루 동안 치르는 제사라면 삼각산 도당제는 하루 전, 사전 의식부터 시작된다. 사전 의식은 '안반고사'와 '산신제'로 나눠진다. 오후 5시에 시작하는 안반고사는 제사음식을 만든 뒤에 잡귀잡신들에게 먼저 대접하는 것이다. 이때는 격식을 갖추지 않고 그릇 없이 제물만 상에 바친다. 이는 본행사가 부정 타지 않도록 방지하기 위한 의식이다. 이후 저녁 7시부터는 삼각산의 산신을 위한 산신제가 시작된다. 제사에는 제관과 화주 그리고 마을 사람들이 참여하여 분향, 헌작, 재배, 독축, 소지 순의 유교식으로 진행된다.

삼각산 도당제만의 특별함

도당제 당일 아침 일찍부터는 무녀가 제사상을 차리는 '황토물림'으로 의식이 시작된다. 도당굿은 모두 12가지 의식으로 이루어진다. 맨 처음과 마지막에 신나게 놀면서 굿의 시작과 끝을 알리는 뒷전을 꼭 치른다. 뒷전은 늘 똑같지만 중간 내용들은 매년 조금씩 바뀐다. 신을 굿판으로 모셔 오고 다시 돌려보내는 산신맞이와 배웅은 산신 관련 굿에서 보이는 특징이다. 특히 작두 타기와 사냥놀이, 군웅거리는 삼각산 도당제에서 볼 수 있는 독특한 의식이다.

마을 행사를 넘어 지역 축제가 되다!

지금의 도당제는 마을 사람이 아니라도 누구나 참여할 수 있다. 참석자들에게는 마을에서 준비한 음식과 막걸리가 계속 제공되고 행사 중간에 경품 추첨도 진행되어 흥겨운 축제 분위기가 이어진다. 경품으로 나눠주는 상품도 제법 푸짐하다. 도당제를 안내하는 책자가 제공되고 진행자가 중간중간 무녀의 의식을 설명해준다. 평소 무속에 문외한 이라도 의식을 이해하는 데 큰 도움이 된다. 이러한 마을 행사에 한 번 참여하면 처음 오는 낯선 동네에 아는 사람 이라도 한 명 생긴 듯한 친밀감을 느끼게 된다.

1 **산신배웅: 도당신 모셔다드리기** 무녀가 대잡이를 앞세우고 모셔 왔던 도당님 내외분을 원위치로 모셔다드리는 의식을 행하고 있다. 주신인 도당산신의 신체는 여러 구의 소나무로 이루어져 있고 이 신목 옆에는 산신암이라 불리는 바위가 함께 있다.

2 **별성작두: 장군님 모시고 놀기** 무녀가 작두를 타기 위해서 준비하고 있다.

3 **제석거리:** 무녀가 제석굿을 하며 '명바라 복바라' 말하고 바라에 밤과 대추를 판다.

4 **사냥놀이:** 몰이꾼과 사냥꾼이 사냥에 나가서 제물로 바칠 닭을 잡아 돌아가고 있다.

5 **군웅거리:** 사냥놀이에서 잡은 짐승으로 군웅굿을 하고 사방으로 활을 쏘아 나쁜 액을 몰아낸다.

SPECIAL COURSE 8

특별 부록

모두를 위한 무장애숲길

무장애숲길 1

아이처럼 즐거워지는 숲속 놀이터
수락산
무장애숲길

노원골에서 수락한옥어린이집까지 1.74km 구간에 만들어진 코스다. 거리도 짧고 상승 고도 또한 얼마 되지 않아 말 그대로 아무 장애 없이 걸을 수 있다. 수락산역에서 무장애길 시점까지 찾아오는 약 500m 구간은 따로 '상계 디자인거리'라 부른다. 전선을 지중화하고 인도를 넓히면서 보행자 친화 거리로 조성했다. 본론만큼 마음에 드는 도입부라 할 수 있겠다.

> **MAIN SPOT**

① 수락산 만남의 광장

노원골 초입을 수락산 만남의 광장이라 부른다. 이 주변 500m 구간은 따로 천상병 산길이라고도 부른다. 시인은 결혼 직후 수락산 자락에서 10년간 거주하며 자연과 일상의 풍경을 글로 담아냈다.

COURSE MAP

거리 2.9km 소요 시간 52분 상승 고도 46m

MORE INFO

찾아가기
IN 수락현대아파트 버스정류장. 7호선 수락산역에서 도보 500m 거리.
OUT 7호선 마들역 1번 출구

즐길 거리

광장마트 수락산 입구에는 가맥집이 아닌 가막집이 있다. 가게에서 먹는 막걸리를 파는 광장마트가 그곳이다. 본업은 마트이고 사장님이 멸치볶음, 파전, 오징어무침, 어묵탕 등의 몇 가지 메뉴를 안주 삼아 판매한다. 가격은 3,000~5,000원으로 저렴하고 맛도 좋다. 등산객들을 위해 김밥과 머릿고기도 포장 판매한다. 하절기에는 바깥쪽으로 테이블이 펼쳐져 더욱 좋다. 노원구 동일로242길 107 02-933-1608

주차 정보
노원골 디자인거리 공영주차장 5분당 150원(일요일 무료). 노원구 상계동 996-2

② 고래바위

수락산의 기암괴석들은 무장애숲길에서도 발견할 수 있다. 데크가 시작되는 곳에서 얼마 되지 않은 곳에 고래바위가 있다. 반원형의 평범해 보이기만 한 바위는 자세히 보면 대왕고래의 복부 주름 같은 결이 있는 것을 볼 수 있다.

무장애숲길 2

나비정원과
철쭉동산이 반겨주는
불암산
무장애숲길

불암산 무장애숲길은 생태학습관에서 주차장까지 이어지는 2.1km 길이의 순환형 코스다. 잘 꾸며진 힐링타운 내부를 돌아보기에 숲길보다는 테마파크 관람로 같은 느낌이 든다. 순환형이라 거리도 짧고 난이도도 쉬워서 한 시간 남짓이면 누구나 편하게 돌아볼 수 있다. 도심 접근성까지 좋다 보니 축제 기간이나 휴일에는 대중교통 이용이 필수다. 서울둘레길 3코스와 가깝다.

MAIN SPOT

① 불암산 나비정원

365일 나비를 볼 수 있는 온실 정원이다. 1층에 나비온실과 배양실이 있고 2층에서는 곤충 학습이 이루어진다. 꽃다발을 들이대면 꿀을 먹기 위해 달려드는 모습이 신비롭다. 어린이들을 위한 나비 체험 프로그램도 운영된다.

COURSE MAP

거리 2.3km 소요 시간 55분 상승 고도 53m

구간 난이도
- 쉬움
- 보통
- 어려움

고도 가이드

MORE INFO

찾아가기
IN 중계주공2단지 버스정류장, 4호선 상계역 2번 출구에서 도보로 700m 거리.
OUT 중계주공 4단지 버스정류장

주변 정보

카페 포레스트 나비정원을 지나서 만나게 되는 힐링타운의 랜드마크다. 야외 테이블에서 삿갓봉을 배경으로 커피를 즐길 수 있어 인기다. 매장 내부에서는 화초와 정원용품도 판매한다. ⏰ 3월~10월 10:00~19:00, 11월~2월 10:00~18:00(월요일 휴무) 📍 노원구 한글비석로12길 51-49 ☎ 02-2116-0597 💰 포레스트커피 4,500원

칠성해물통짬뽕 이 동네에서 유명한 짬뽕 맛집이다. 짬뽕의 면발은 쫄깃하고 건더기는 싱싱하며 국물은 자극적이지 않으면서도 시원하다. 짬뽕 한 그릇에 담겨 있는 밸런스가 훌륭하다. 짜장면과 찹쌀탕수육도 맛있다. ⏰ 10:50~20:45 📍 노원구 덕릉로83길 5 상가(401동) 2층 206호 ☎ 02-932-7753

주차 정보
불암산힐링타운 주차장 💰 30분당 900원 📍 노원구 중계동 368-1

② 철쭉동산 전망대

힐링타운 남측 약 800평 부지에 조성된 언덕이다. 철쭉 10만 주가 식재되어 있어 봄이면 장관을 이룬다. 이곳에서 매년 개화 시기에 맞춰 '불암산 철쭉제'가 열린다. 버스킹과 무료 체험학습, 플리마켓 등의 행사가 진행된다.

무장애숲길 3

등산형 무장애숲길
용마산 자락길

MAIN SPOT

용마산 자락길은 사가정공원에서 시작해서 능선길로 올랐다가 용마경로복지센터 쪽으로 내려가는 2.2km 길이의 무장애숲길이다. 들 입(入)자 모양의 구조로 오로지 능선으로 오르기 위해서 만들어진 데크길이다. 끝없이 지그재그로 오르는 구간이 반복된다. 힘이 덜들 뿐이지 꽤 운동이 되는 코스다. 버스정류장에서 오르내리는 거리까지 더하면 실제로는 4.5km 정도 걷게 된다.

① 서울둘레길 합류 지점

용마산 자락길은 해발 220m 지점까지 올라간다. 자락길 끝에서는 망우산 순환 임도와 만난다. 이 길은 서울둘레길 4코스이면서 유명 인사들의 묘역을 둘러보는 망우리 공원 인문학 사잇길이기도 하다.

COURSE MAP

🚩 거리 4.5km ⏱ 소요 시간 1시간 18분 ⛰ 상승 고도 184m

- 도착: 서일대학교 버스정류장
- 데크길 종점
- 가나점보돈가스
- 아토피 치유의숲 갈림길
- ② 전망대 북카페
- 오거리 쉼터
- ① 서울둘레길 합류 지점
- 한양수자인사가정파크 버스정류장
- 출발
- 사가정공원 입구
- 서울둘레길 4코스

구간 난이도
- 🟩 쉬움
- 🟦 보통
- 🟪 어려움

고도 가이드

MORE INFO

찾아가기
IN 한양수자인사가정파크 버스정류장
OUT 서일대학교 버스정류장

코스 정보
정상에서 하산할 때 갈림길이 나오는데 이 때 아토피 치유의숲으로 가지 말고 용마가족공원 쪽으로 내려가야 용마경로복지센터 쪽으로 하산할 수 있다. 안내표지판이 난간 아래에 있어 잘 보이지 않고 '아토피 치유의 숲' 방향으로 되어 있어서 그냥 지나치기 쉬우니 주의하자.

주변 정보
사가정공원 📍 중랑구 면목동 산50-26 📞 02-2094-2344

가나점보돈가스 30여 년 동안 서일대학교 학생들에게 사랑받은 분식집이다. 달짝지근한 데미글라스 소스와 두툼한 점보 돈가스가 잘 어울려 가성비 좋은 한 끼가 되어준다. 500원을 더 내면 달걀프라이를 올려주니 꼭 추가하자. 세월에 비해 실내가 깔끔하고 쫄면도 수준급이다. ⏱ 09:00~21:30 📍 중랑구 용마산로94가길 24 📞 0507-1376-8590

주차 정보
공원 맞은편에 2025년 12월 면목동도서관의 주차장이 마련될 예정이다. 📍 중랑구 면목동1081-1

② 전망대 북카페

용마산 자락길은 높이 올라가는 고도에 비해 시야가 트이는 곳이 없다. 하산길에 만나는 전망대 북카페가 유일하다. 개방된 공간에 마련되어 연중무휴 24시간 누구나 이용할 수 있는 이곳에서는 불암산과 그 뒤 수락산까지 마주 보인다.

무장애숲길 4

등산형 무장애숲길
아차산 동행숲길

MAIN SPOT

아차산 초입에 만들어져 있는 무장애숲길을 아차산 동행길이라 부른다. 어울림광장에서 시작해서 숲속도서관을 거쳐 아차산 휴게소까지 연결된다. 총 길이는 1.38km다. 휴게소에서부터는 다시 아차산 둘레길이 시작된다. 기원정사를 거쳐서 용마산 중곡지구까지 연결되는 3.7km의 코스지만, 길이 무난한 긴고랑공원까지 약 2km 구간을 추천한다.

① 아차산 숲속도서관

동행숲길 초입에 있는 작은 도서관이다. 실내는 층고가 높아 개방감이 좋다. 2층에는 아메리카노 2,000원의 무인카페가 운영되고 있다. 야외 책 쉼터도 만들어져 있어 숲속에서 책을 읽을 수 있다.

COURSE MAP

거리 5.8km　소요 시간 2시간 52분　상승 고도 248m

구간 난이도
- 쉬움
- 보통
- 어려움

MORE INFO

찾아가기
IN 5호선 광나루역 1번 출구로 나오면 서울 둘레길 안내표지가 보인다.
OUT 4코스가 끝나는 깔딱고개 쉼터에서 가장 가까운 지하철역은 5호선 아차산역이다. 내리막길로 약 1.7km 거리다.

코스 정보
기원정사에서 중간에 둘레길을 빠져나가는 것이 거리상으로는 아차산역으로 가는 최단 코스가 된다. 유명한 원조할아버지손두부집도 이렇게 가야 들렀다가 가기 편하다.

주변 정보
아차산 숲속도서관 09:00~18:00(화요일 휴무) 광진구 영화사로 139　02-2049-2970
원조할아버지손두부 06:00~22:00(월요일 휴무) 광진구 자양로 324　02-447-6540 모두부 7,000원, 순두부 4,000원

주차 정보
구의야구공원 주차장 출발지에서 900m 거리. 5분당 150원　광진구 광나루로 571

② 기원정사

기원정사는 1979년도에 창건된 비구니 사찰이다. 규모는 작지만 단정함이 묻어 나오는 정갈한 곳이다. 특히 대웅전 옆에 모셔진 약사여래불과 그 뒤를 지키는 소나무가 참으로 멋스럽다.

③ 원조할아버지손두부

아차산 등산객들에게는 성지와도 같은 곳이다. 등산 후 김이 모락모락 올라오는 모두부와 순두부를 시켜놓으면 세상 부러울 게 없다. 두부 한 점 떼어서 짭조름한 토하젓갈을 올려 먹으면 이만한 조합이 없다.

무장애숲길 5

야생화 가득한 정원을 걷다
대모산 자락길

MAIN SPOT

1 대모산 전망 벤치

대모산 자락길은 대모산 북측에 있는 도시자연공원에서 시작된다. 일원동 쪽에 총 2.1km 길이의 데크길이 순환형으로 만들어졌다. 공원 입구에서 무장애숲길 입구까지 100m 정도를 걸어 올라와야 했으나 이마저도 엘리베이터가 추가로 설치되어 훨씬 더 편리해졌다. 무장애숲길 바로 옆에 주차장이 있어 편리하다.

해발 293m의 대모산 정상이 바라보이는 장소다. 직각으로 허리 부분이 솟은 형태가 아니라 느긋하게 등을 기대로 누울 수 있는 형태여서 편안하다. 대모산 자락길에서 가장 서쪽 가장자리에 있다. 해발고도 역시 가장 높은 지역이라 제법 시원스러운 조망이 나온다.

COURSE MAP

🚶 거리 3.2km   ⏱ 소요 시간 52분   ⛰ 상승 고도 88m

구간 난이도
- 🟩 쉬움
- 🟦 보통
- 🟪 어려움

출발/도착: 일원동한솔아파트 버스정류장

① 대모산 전망 벤치
② 향기정원
- 엘리베이터
- 숲속야생화원
- 일원장미정원 (대모산 자락길 입구)
- 한솔공원 갈림길
- 주차장
- 무장애숲길 시점

고도 가이드

MORE INFO

찾아가기
IN·OUT 일원동한솔아파트 버스정류장, 3호선 일원역까지 도보 700m 거리.

주변 정보
분식카페 얌얌 인근 대모초, 로봇고 학생들의 참새방앗간 같은 곳이다. 대표 메뉴는 얌얌김밥과 떡볶이다. 동네 사람들이 믿고 갈 수 있을 만한 터줏대감 식당이다. 🕐 10:30~19:30 (일요일 휴무) 📍 강남구 광평로10길 50 청솔빌리지 상가 1층 📞 02-797-9022

주차 정보
대모산자연공원 공영주차장 주말이면 빈자리 찾기가 어렵다. 이 경우 한솔공원과 대모산숲속야생화원 사잇길 길가를 찾아보자.
ⓦ 무료 📍 강남구 일원동 산56

② 향기정원

대모산 자락길 주변으로는 유독 쉼터가 자주 보인다. 향기정원이라 이름 붙인 쉼터는 숲속야생화원이 정면으로 내려다보이는 곳에 있기에 더욱 특별하다. 하절기가 되면 꽃향기와 숲 내음이 가장 짙어지는 장소이기도 하다.

무장애숲길 6

울창한 숲 터널을 지나다
우면산 무장애숲길

MAIN SPOT

우면산 무장애숲길은 기존 서초약수터에서 국립국악원까지 3km 구간에 추가로 방배그랑자이 아파트까지 1km가 개통되면서 총 4km 길이로 늘어났다. 이는 우면산 북측을 동쪽에서 서쪽으로 종주한다. 남부순환로와 맞닿아 있지만 이 숲길은 굉장히 임목의 밀도가 높고 또 진하다. 한낮에도 울창한 숲 그늘이 만들어지기에 터널을 통과하는 듯한 기분이 들 정도다.

① 숲속 극장

우면산 무장애숲길의 특징 중 하나는 빽빽한 밀도다. 숲속 극장 역시 빼곡하게 병풍을 두른 것 같은 잣나무들로 가득하다. 바로 옆으로는 서어나무들이 군락을 이루고 있고 연이어 귀룽나무, 참나무 같은 여러 종류의 나무들을 볼 수 있다.

COURSE MAP

🚶 거리 3.7km ⏱ 소요 시간 55분 ⛰ 상승 고도 109m

구간 난이도
- 쉬움
- 보통
- 어려움

서울시인재개발원 버스정류장 (출발)
숲속 극장
서초약수
서울둘레길 합류 지점
소리 쉼터
대성사 일주문
서울둘레길 10코스
국립국악원 갈림길
방배그랑자이아파트 버스정류장 (도착)

고도 가이드

MORE INFO

찾아가기
IN 서울시인재개발원 버스정류장
OUT 방배그랑자이아파트 버스정류장

주변 정보
백년옥 예술의 전당 맞은편에 있는 30년 전통의 두부 전문점이다. 담백한 순두부가 대표 메뉴이며 딸려 나오는 밑반찬들도 자극적이지 않다. 특히 무생채가 맛있는데 여름철 계절 메뉴인 콩국수도 별미다. 미슐랭가이드 빕구르망에 선정된 서초구의 대표 맛집 중의 곳이다. 🕐 11:00~21:00 🏠 서초구 남부순환로 2407 📞 02-523-2860

주차 정보
오페라하우스 주차장 코스 중간 지점에 있는 예술의 전당의 오페라하우스 주차장 1층을 이용하자. 🅿 10분당 1,000원, 매장 이용 시 2시간에 3,000원(공휴일·주말 50% 할증) 🏠 서초구 남부순환로 2406

② 소리 쉼터

무장애숲길은 대부분 데크로 만들어져 있지만 우면산의 경우에는 조금 다르다. 데크길, 시멘트 포장길, 흙길이 번갈아서 나타난다. 예술의 전당 뒤쪽 소리 쉼터 부근은 잘 다져진 흙길로 만들어져 있다. 이곳은 맨발 걷기를 하기에도 좋다.

무장애숲길 7

도심 속 편백숲
봉산 무장애숲길

MAIN SPOT

① 내를 건너서 숲으로도서관

봉산 무장애숲길은 숭실고등학교 뒤쪽에서 시작해서 수국사까지 7.5km 구간을 말한다. 현재 4단계 사업을 통해서 5km 구간이 완성되었고 봉산터널에서 봉수대까지 중간이 아직 미개통 상태다. 이 구간은 2026년 개통 예정이고 그전까지는 서울둘레길로 이동해야 한다. 지금은 능선길로 1km 거리지만 무장애길이 생기면 지그재그로 돌아가기에 2.5km 거리로 늘어날 것이다.

내를 건너서 숲으로도서관은 윤동주 탄생 100주년을 기념하기 위해서 개관하였다. 이곳의 명칭은 윤동주의 시 '새로운 길'에 나오는 구절에서 따왔다. 실제도 시인은 불광동에 있는 친구 집에 가는 길을 묘사한 것으로 알려져 있다.

COURSE MAP

거리 9.1km　소요 시간 2시간 54분　상승 고도 262m

MORE INFO

찾아가기
IN 새절역 3번 출구에서 무장애숲길 시점까지는 도보로 1.3km 거리다.
OUT 선진운수 종점 버스정류장

주변 정보
내를 건너서 숲으로도서관 ⓣ 평일 9:00~22:00(월요일 휴무) 주말 9:00~18:00 ⓐ 은평구 증산로 17길 50 ⓟ 02-307-6701

연천갈비 봉산 일대에서 가장 사랑받는 고깃집이다. 왕소갈비가 대표 메뉴다. 가성비 좋고 신선한 채소와 물김치까지 딸려 나오는 밑반찬들도 정갈하다. 골목 안쪽 가정집을 개조한 분위기도 정겹다. 산행 후 뒤풀이 장소 1순위로 꼽히는 곳이다. ⓣ 11:40~21:00(화요일 휴무) ⓐ 은평구 서오릉로15길 5-5 ⓟ 02-354-9701

주차 정보
서신초교 지하주차장 ⓦ 30분당 600원 ⓐ 은평구 은평터널로 150

② 편백정
데크길을 따라 나란히 늘어선 편백들은 편백정에서 대단원의 막을 내린다. 이곳은 서울둘레길과 봉산 무장애숲길이 처음으로 교차하는 지점이기도 하다. 봉수대 전방 1km 지점부터 서울둘레길과 다시 하나가 되지만 이마저도 잠시뿐 조만간에 둘은 다시 갈라질 것이다.

③ 수국사
무장애숲길 종료 지점에서 마주하는 수국사는 동양 최대 규모의 황금 법당이다. 1992년에 불상은 물론이고 법당의 안팎을 순금으로 입히는 대규모 '개금불사'가 이뤄졌다. 청기와 지붕을 제외하고 내외부가 모두 도금되었다.

무장애숲길 8

탕춘대성을 따라 걷는
홍제동 유람
북한산 자락길

북한산 자락길은 옥천암 인근에서 시작해서 홍제동 실락어린이공원까지 4.5km 구간을 말한다. 북한산 자락길은 상명대에서 시작하는 탕춘대성 능선 코스를 필두로 서울둘레길과 두 번이나 만나며 백련산으로 이어지는 서대문 이음길과도 연결된다.

> MAIN SPOT

① 탕춘대성

탕춘대성은 숙종 때 쌓은 것으로 한양도성과 북한산성을 연결해서 세운 성이다. 성곽의 둘레는 약 4km이며 홍지문이라는 성문을 갖추고 있다. 성문 바로 옆에는 물이 흐르는 수문이 있는데 이를 오간수문이라 부른다.

COURSE MAP

📍 거리 6.6km ⏱ 소요 시간 1시간 44분 ⛰ 상승 고도 196m

서울둘레길 합류 지점 40m 전방
서울둘레길 합류 지점 120m 전방
③ 북한산 자락길 전망대
홍록배드민턴장
백련산 방향
서대문 이음길 갈림길
무장애숲길 종점
② 옥천암 마애불
무장애숲길 시점
상명대 입구 버스정류장 (출발)
① 탕춘대성
서울둘레길 18코스
홍제역 (도착)

구간 난이도
- 쉬움
- 보통
- 어려움

고도 가이드

MORE INFO

찾아가기
IN 상명대 입구 버스정류장에서 자락길 시점까지 도보로 1km 거리다.
OUT 홍제역 1번 출구

주변 정보
청와설렁탕 상명대학교 인근의 숨은 맛집이다. 진하게 우려낸 설렁탕 국물이 깔끔하고 고소하다. 소고기 편육도 잡내 없이 잘 손질되어 있어 부드럽다. 달콤한 깍두기와 김치의 어울림도 좋다. 자락길 출발 전 든든하게 속을 채우기에 딱이다. ⏱ 09:00~21:00 📍 종로구 홍지문길 3 ☎ 0507-1481-0058

주차 정보
출발지 인근에는 공영주차장이 없고 종료 지점 인근에 유진상가와 인왕시장 앞 공영주차장이 있다. ⓦ 5분당 250원 📍 서대문구 홍제동 294-1

② 옥천암 마애불

옥천암은 홍은동에 있는 유서 깊은 사찰이다. 고려시대에 조성된 마애보살좌상이 보물 제1820호로 지정되어 있다. 태조 이성계와 명성황후가 기도를 올린 곳으로 알려져 있으며 백불 또는 해수관음상으로 불린다.

③ 북한산 자락길전망대

자락길에서 최고의 풍경을 자랑하는 시원한 풍광의 전망대. 정면에 인왕산이 마주 보이고 좌로는 북악산, 우로는 안산이 자리 잡은 모습이 병풍처럼 펼쳐진다. 전망대에 아담한 정자가 있어서 잠시 쉬어가기 좋다.

INDEX
인덱스

상급 난이도 코스

남산 구간 : 한양도성 순성길 ---------------- 042
대모·구룡산 : 서울둘레길 9코스 ------------ 176
독산 자락길 : 성저십리길 ------------------ 122
봉산·앵봉산 : 서울둘레길 16코스 ----------- 192
북한산·강북 : 서울둘레길 20코스 ----------- 202
북한산·종로 : 서울둘레길 18코스 ----------- 198
인왕산 둘레길 : 성곽마을길 ---------------- 054

중급 난이도 코스

관악산 : 서울둘레길 11코스 ---------------- 180
덕릉고개 : 서울둘레길 2코스 --------------- 160
백련산 초록숲길 : 성저십리길 -------------- 110
백사실 계곡 : 성곽마을길 ------------------ 060
백악 구간 : 한양도성 순성길 --------------- 056
봉제산 둘레길 : 성저십리길 ---------------- 120
북악 하늘길 : 성곽마을길 ------------------ 066
북한산·도봉 : 서울둘레길 21코스 ----------- 206
북한산·성북 : 서울둘레길 19코스 ----------- 200
수락산 : 서울둘레길 1코스 ----------------- 158
아차산 : 서울둘레길 5코스 ----------------- 168
우면산 : 서울둘레길10코스 ---------------- 178
인왕 구간 : 한양도성 순성길 --------------- 048
호암산 : 서울둘레길 12코스 --------------- 182

초급 난이도 코스

개운산 둘레길 : 성저십리길 --------------- 092
경춘선숲길 : 서울둘레길 연결 코스 --------- 208
고덕산 : 서울둘레길 6코스 ----------------- 170
궁산 둘레길 : 성저십리길 ------------------ 116
낙산 구간 : 한양도성 순성길 --------------- 036
남산 둘레길 : 성곽마을길 ------------------ 046
남산 자락숲길 : 성저십리길 ---------------- 106
노을·하늘공원 : 서울둘레길 15코스 --------- 190
대모산 자락길 : 무장애숲길 ---------------- 246
망우·용마산 : 서울둘레길 4코스 ------------ 166
방학3동 역사문화길 : 서울둘레길 연결 코스 ---- 212
배봉산 둘레길 : 성저십리길 ---------------- 104
봉산 무장애숲길 --------------------------- 250
봉화산 둘레길 : 성저십리길 ---------------- 100
북한산 자락길 : 무장애숲길 ---------------- 252
북한산·은평 : 서울둘레길 17코스 ----------- 196
불암산 무장애숲길 ------------------------- 240
불암산 : 서울둘레길 3코스 ----------------- 164
서행길 5코스 : 성저십리길 ----------------- 128
수락산 무장애숲길 ------------------------- 238
심우장·길상사 코스 : 성곽마을길 ----------- 062
아차산 동행숲길 : 무장애숲길 -------------- 244
안산 자락길 : 성저십리길 ------------------ 114
안양천 상류 : 서울둘레길 13코스 ----------- 186
안양천 하류 : 서울둘레길 14코스 ----------- 188
용마산 자락길 : 무장애숲길 ---------------- 242
우면산 무장애숲길 ------------------------- 248
응봉산 둘레길 : 성저십리길 ---------------- 108
일자산 : 서울둘레길 7코스 ----------------- 172
장지·탄천 : 서울둘레길 8코스 -------------- 174
정릉시장가는길 : 서울둘레길 연결 코스 ----- 210
종로 둘레길 인왕산 구간 : 성곽마을길 ------ 052
창신동 절벽길 : 성곽마을길 ---------------- 040
천장산 하늘길 : 성저십리길 ---------------- 096
청와대전망대 코스 : 성곽마을길 ------------ 064
초안산 나들길 : 성저십리길 ---------------- 086
충효길 2·7코스 : 성저십리길 --------------- 124
충효길 현충원 : 성저십리길 ---------------- 126

볼거리

4·19전망대 ------------------------------- 205
간송 옛집 -------------------------------- 212
간송미술관 ------------------------------- 077
개운사 ----------------------------------- 092
겸재정선미술관 --------------------------- 117
경교장 ----------------------------------- 049
경국사 ----------------------------------- 210
공릉동 도깨비시장 ------------------------ 226
관음사 ----------------------------------- 180
광희문 ----------------------------------- 039
국립통일교육원 --------------------------- 202
궁산 땅굴 역사전시관 --------------------- 117
금천정 ----------------------------------- 122

255

금천한내교	186	불암산 나비정원	240
기원정사	245	비석골근린공원	089
길상사	063	사산금표	205
낙성대공원	181	삼군부 총무당	036
남산봉수대	043	삼성산 성지	183
내를 건너서 숲으로도서관	250	삼청공원 숲속도서관	067
대현산 모노레일	106	상계나들이 철쭉동산	163
돈의문박물관마을	048	서울식물원	119
둔굴	172	서울아트책보고	219
망우역사문화공원	221	서울창포원	158
매봉산 문화비축기지	218	석호정	046
매헌윤봉길의사기념관	177	성내천 물빛광장	174
면목시장	224	성북미술관	077
몽마르뜨공원	128	성북선잠박물관	077
문화비축기지	191	세검정	060
방배숲환경도서관	133	소악루	119
방이생태학습관	173	솔밭근린공원	205
방학동 도깨비시장	213	수국사	251
배봉산 숲속도서관	104, 133	수연산방	063
백련산 팔각정	113	숙정문	058
백범광장	045	시인의 거리	190
보덕사	182	심우장	062
보타암	093	아차산 숲속도서관	244
보현산신각	199	안양암	041
봉산정	193	암사동 선사유적지	220
봉제산 책쉼터	121, 133	양천향교	116
봉화산 봉수대	103	연서시장	225
봉화산옹기테마공원	100	오동 숲속도서관	090, 132
불국사	177	옥천암 마애불	253

우리옛돌박물관	077	호압사	183
원당마을 한옥도서관	213	홍릉숲	096
월곡정	090	홍제폭포	113
윤동주문학관	051	화계사	201
은평정	111	화랑대 철도공원	208, 218
응봉공원	106		
의릉	099		
이간수문	039		
이시영 선생 묘역	203		
이준 열사 묘역	203	**맛집**	
이진아 기념도서관	133	101번지 남산돈까스	073
인왕산 숨속 쉼터	052	가나점보돈가스	243
장지근린공원	174	가든포차	233
정독도서관	074	갈현동할머니떡볶이 둘째네	079
정릉시장	227	경성모밀	140
정의공주 묘역	206	고랭	139
창의문	056	고른햇살	139
채석장전망대	040	고척돈까스	229
청와대 사랑채	064	골목집	142
청운대	057	광장마트	239
청운문학도서관	052	기차순대국	227
초소 책방 더숲	053	남산돈까스	073
칠궁	064	다래함박스텍	229
탕춘대성	252	달인꽈배기	079
팔도소나무단지	046	대양통닭	078
편백정	251	도가순대국	149
한국가구박물관	077	도깨비우동	231
혜화문	036	도봉산양고기	232
호국 지장사	127	도이칠란드 박	227

257

두명식품	143		윤가네	138
만두장성	226		은이네반찬	226
무궁화어묵	225		은하곱창	140
문화촌 초밥집	137		이가 바지락 손칼국수	223
방학동 포차마을	233		이가네 족발	231
백곰집	229		이가네양꼬치 양재2호점	230
백년옥	249		이수 짜장	141
백소정	139		이조면옥	135
보나푸드	139		일미집	227
삼학도	141		전주전집	230
서울식당	078		절벽	231
석교식당	079		제일콩집	228
소담유부	138		조은분식	223
소문난 멸치국수	222		종로곱창	141
수원성갈비	078		찜집	224
수정궁	231		창신동 매운 족발	078
시골집연탄석쇠구이	233		청국장과 보리밥	229
시장탕수육	143		청와설렁탕	253
신안밥상	229		청화가든	232
아차산 닭한마리	228		초밥아저씨	143
엄마손칼국수	222		칠성해물통짬뽕	241
연신네김밥	225		탕면	223
옛날국수 경남상회	135		태영생막창 석수점	230
옥이네김밥	225		태천면옥	222
온기담	224		토속칼국수	222
우리집곱창	230		하나 식당	138
원조 리더 순대	143		한동길뼈다귀감자탕	149
원조할아버지손두부	245		할범탕수육	142
유정우 함흥냉면	141		함초밭 들깨칼국수	223

해피돈까스 --- 137

카페

369마을 마실	037
TANK6	217
기차가 있는 풍경	217
망우카페	217
북카페 비상	217
블루포트	120
스타벅스 장충라운지R	071
아차산휴게소	216
카미노커피로스터스	231
카페 낙타	041
카페 오 블루	138
카페 포레스트	241
콘드에빼빼	071
펄시커피	071
하우스 커피 앤 디저트	071
한옥카페R1	124

이 책에 실린 정보는
2025년 10월까지 취재한 정보를 담았습니다.
운영 시간, 휴무일, 요금, 주차 정보는 업체 사정에 따라
변경될 수 있습니다. 걷기 여행을 떠나기 전 홈페이지 정보를
미리 확인하는 것이 가장 좋습니다.

당신의 즐거운 여행을 응원합니다.

| 369 성곽여가 풍;류
369성곽마을의 정경을 만끽하는 문화예술제

369마을사회적협동조합에서는
369마을 주민과 청년이 지역 대학 및 문화예술 네트워크와 연대하여
그간 쌓아왔던 369마을 문화예술콘텐츠를 중심으로
- 매주 토요일 (봄과 가을) "369 성곽여가 풍;류"를 진행합니다.

369마을 사회적 협동조합
369 Village Social Cooperative

369 성곽여가 풍;류

봄 (4, 5, 6월) 가을 (9, 10, 11월)
매주 토요일 마다 진행

이야기와 함께 걷고
오전 11시 (약 40분코스)
369마을 해설사가 동행하며
들려주는 성곽·마을 이야기

정성 가득 집밥을 맛보고
오전 11시 ~ 오후 1시
369마을에서만 맛볼 수 있는
엄마들의 369비빔밥과 수제 식혜

369 성곽마을 여행
📍 369마을 일대

369 어머니 밥상
📍 369사랑방

마실과 풍류를 즐기고
오후 1시, 오후 2시
지역의 예술인들이 펼치는
성곽길 거리 문화 축제

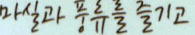

예술로 추억을 남기고
오전 10시 ~ 오후 3시
지역 청년 작가들의 369예술상점,
369흑백사진관

369 풍류 한마당
📍 369마실 앞 마당

369 성곽 예술제
📍 369예술터

QR코드 스캔으로 예약해보세요!
인스타그램 @369_maeul
문의 **02.6448.2343**
369마을사회적협동조합

369성곽마을
성북구 삼선교로4가길 13-1 일대
한양도성길 낙산구간 순성길에 위치

④ 한성대입구역 4번 출구에서 도보 3분